JN190912

健康を科学する実践研究

読めばできる！養護教諭の研究ガイド

大野 泰子・川又 俊則　編著

大学教育出版

はじめに

　日本養護教諭教育学会発刊の「専門領域に関する用語の解説集」では、養護学とは、養護教諭の専門性を支える理論と技術の学問体系であると定義されています。また養護教諭の実践の集積による実践科学の確立が必要と述べられていますが、学問体系化は今後期待されるところが大きいのが現状です。

　近年学校現場では、様々な子どもの発育発達や疾病、特性に配慮した特別支援教育が進められ、養護教諭は、その専門職としての力量が求められています。

　しかしながら、多くの養護教諭は学校に単数配置が一般的であり、それら健康課題の改善を行うために、単純集計の数字を超える研究は実践されにくい状況があります。また、職務方法の改善に関する書籍は多数ありますが、実態を分析する研究に関するガイドブックは少ない状況です。

　本書は養護教諭が一人で実践研究を進めたり、グループで進めるための研究指針となる内容を編集し、学会発表ができることを目標としたテキストです。各章では、健康・教育学などに関心のある一般の読者向けに、健康問題・教育問題の現在を、調査研究の成果を用いてわかりやすく説明しています。

　養護教諭の職務や役割は、多岐にわたり多様です。2008年の中央教育審議会答申では、養護教諭の職務が書かれた箇所に、その役割を「現在」として「救急処置、健康診断、疾病予防などの保健管理、保健教育、健康相談活動、保健室経営、保健組織活動など」と解説しています。これらの職務実践は、様々な子どもを取り巻く社会現象の中で、子どもたちの「養護をつかさどる」実践の分析から理論が生まれています。そして、今後学校の枠を超えた「新しい養護学」を作り上げていくための一助となることを願って本書を企画いたしました。

　ぜひ本書が、読めばできる養護教諭の研究のガイドとしてお役に立てればと願っています。

大野泰子

健康を科学する実践研究
―読めばできる養護教諭の研究ガイド―

目　次

はじめに …………………………………………………………………………大野泰子…*i*

第Ⅰ部　実践研究って何をするの？

第1章　日常の職務からのヒント …………………………………小川真由子…*2*

　はじめに　*2*

　1. ヒトは知りたい生き物である　*2*

　2. 日ごろのはてなを大切に　*4*

　3. はてなの追求の方法　*5*

　4. 研究材料探しの視点　*7*

　5. 実践研究のススメ　*10*

　さいごに　*11*

　コラム1　歯みがき指導研究　　山田浩平　　*13*

第2章　現職者こそ研究をして発表を …………………………… 大野泰子…*15*

　はじめに　*15*

　1. 保健室での困り事や疑問から研究へ　*16*

　2. 養護実践活動から養護教諭にしかできない役割が見つかる　*17*

　　（1）保健管理の実践活動　*18*

　　（2）健康教育　*22*

　　（3）健康相談活動　*23*

　　（4）保健室経営　*24*

　　（5）保健組織活動　*25*

　3. 問題解決の視野を広げる雑誌や文献の活用　*26*

　4. 研究でつながる多様な組織（チーム）を作ろう　*28*

　さいごに　*27*

　コラム2　日常の学校生活に研究視点がいっぱい　　後藤多知子　　*30*

第II部　調査研究の基礎

第3章　様々なデータにあたろう　………………………………… 杉原　亨…32

1. はじめに　*32*
2. 全国規模の統計データにあたろう　*33*
3. 地域別の統計データにあたってみよう　*37*
   （1）三重県　*37*
   （2）横浜市衛生研究所　*39*
4. 新聞記事を調べてみよう　*40*
5. 政策文書を調べてみよう　*41*
   （1）国がまとめた報告書　*41*
   （2）研究所や団体がまとめた報告書　*45*

さいごに　*46*

コラム3　情報教育　森慶惠　*47*

第4章　文献・資料を読もう　……………………………………… 石川拓次…48

はじめに　*48*

1. 図書館に行こう　*49*
2. 文献を検索しよう　*51*
   （1）文献を検索するには？　*51*
   （2）論文を検索してみよう　*52*
   （3）研究論文をダウンロードしよう　*55*
3. 論文・資料を読んでみよう　*59*
   （1）研究論文を分解してみる　*59*
   （2）論文を読もう　*61*
4. 文献を吟味しよう　*63*
   （1）論文を熟読しよう　*63*
   （2）抄読会をしよう　*64*

さいごに　*65*

vi

コラム4　大学院の学び　　上田ゆかり　　*66*

第5章　事例検討から始まる調査研究 ························ 永石喜代子 ···*68*

はじめに　*68*

1. 事例検討とは何なのでしょう？　*69*

　（1）　事例検討と事例研究、調査研究との違いは？　　*69*

　（2）　先行研究をひも解いてみましょう　　*69*

2. 事例検討の意義　*71*

　（1）　看護学で提唱する自立・成長のための「事例検討」　　*71*

　（2）　学校における事例検討の意義　　*71*

3. 事例検討のテーマ探し　*72*

4. 事例検討の方法・進め方　*73*

　（1）　事例検討の方法の種類　　*73*

　（2）　事例検討の計画　　*74*

5. 具体事例の提案　*75*

　（1）　テレビ・報道された事例　　*76*

　（2）　事例からの学び　　*78*

6. 事例検討から事例研究や調査研究につなぐ　　*80*

　（1）　事例検討からの教訓・学び　　*80*

　（2）　事例検討から事例研究につなぐ　　*80*

まとめ　*82*

コラム5　アレルギー　　梅本正和　　*84*

第III部　実際に調査研究をしてみよう

第6章　数量的研究について ································ 川又俊則···*88*

はじめに ―記述統計と推測統計―　*88*

1. 仮説検証としての量的調査　*90*

　（1）　量的調査で必要なこと　　*90*

目　次　*vii*

（2）　変数　*91*

（3）　サンプルサイズと予備調査　*91*

（4）　調査の流れ　*92*

2.　質問紙調査のすすめ方　*92*

（1）　質問項目・選択肢の作成と倫理的配慮　*92*

（2）　実査（配布と回収）　*93*

（3）　データ入力　*94*

（4）　質的データの結果　*95*

（5）　量的データの結果　*96*

（6）　データの特徴をつかむ　*96*

3.　分析　*97*

（1）　Excel と統計ソフトでできること　*97*

（2）　パラメトリックかノンパラメトリックか　*97*

（3）　推定と検定　*98*

（4）　χ^2 検定　*99*

（5）　t 検定　*102*

4.　具体的な展開例　*102*

（1）　分析ツールによる基礎統計量　*102*

（2）　エクセル統計による検定　*103*

さいごに：調査を終えて　*105*

コラム6　栄養教育の評価　　梅原頼子　*107*

第7章　事例と解読 ― 数量的調査　大澤論文を読んで ……… 石川拓次…*108*

はじめに　*108*

1.　研究の題材をみつける（先行研究）　*109*

2.　調査をしてみよう！
　　― 方法と質問紙調査の作成 ― 分析、そして、倫理規定 ―　*111*

3.　調査研究として重要なこと ― 統計と倫理 ―　*114*

4.　結果 ― 単純集計とクロス集計 ―　*115*

viii

5. 結果と先行研究からみえてくるもの ― 考察 ― *118*

さいごに *119*

コラム7 「経営」ということ　北口和美 *121*

第8章　質的研究を行う ……………………………………… 川又俊則 …*123*

はじめに：質的研究とは何か *123*

1. 質的研究の前に *125*

2. 質的研究の概要：インタビュー調査 *126*

（1）非構造化面接（予備調査）*126*

（2）半構造化面接（本調査）*127*

（3）データ収集のまとめ方 *128*

3. 質的研究の分類・分析方法 *129*

（1）KJ法による分類 *129*

（2）コンピュータ・コーディングの分析 *130*

（3）GT法（グラウンデッド・セオリー・アプローチ）*132*

4. 筆者の調査の一部から：ライフヒストリー分析 *133*

（1）ライフヒストリー調査と考察 *134*

（2）インタビュー調査をどうまとめるか *136*

おわりに：質的研究の楽しさ *137*

コラム8　新たな図書館へ　石川拓次 *141*

第9章　事例と解読 ― 質的調査　笠井論文を読んで ……… 小川真由子 …*142*

はじめに *142*

1. 研究の意義と位置づけ *143*

2. 調査の概要 ― 研究対象と研究方法 ― *145*

3. 結果を示す *149*

4. 考察を述べる *153*

5. まとめ *154*

さいごに *155*

コラム 9　実践を正しく評価して質を高めよう　　下村淳子　*156*

第Ⅳ部　学会発表・論文執筆に向けて

第 10 章　実践報告 ……………………………………強力さとみ…*158*

はじめに　*158*

Ⅰ　養護教諭の実践と研究の進め方　*158*

1. 論文との出会い　*158*

2. 養護教諭の実践研究の振返りと学び　*159*

　（1）　保健室に来室する子どもへの養護教諭の対応　*159*

　（2）　養護教諭の対応と記録　*160*

Ⅱ　「連携プロセス」の展開に関する論文の紹介と解説　*160*

1. 養護教諭の連携に関する先行研究と本論文の研究目的　*161*

2. 本論文の用語の定義と「連携プロセス」の展開　*161*

　（1）　「支援」「連携」とは　*161*

　（2）　「連携プロセス」とは　*162*

　（3）　対象と方法　*162*

　（4）　研究結果　*162*

3. 本論文のオリジナリティ　*165*

4. 本論文の課題とまとめ　*166*

Ⅲ　学会発表から学会誌投稿へ　*167*

Ⅳ　養護教諭の実践から研究論文へ　*168*

おわりに：論文をつくる　*168*

コラム 10　私の研修のモットー　　木村晃子　*169*

第 11 章　研究発表のあれこれ（ポスター、口頭の例）

　　　……………………………………引田郁美・浦野早都紀　…*171*

1. はじめに　研究を発表するとは何か（意義）　*171*

　（1）　「協力者を増やす」こと　*171*

（2）　不特定多数の方を巻き込む大チャンス！　*174*

2.　学会とは何か（種類・組織体、当日）　*175*

（1）　「研究発表」をしたい！　…どうすれば？　*175*

3.　実際に発表してみよう　*178*

（1）　研究発表において、共通するポイント　*178*

（2）　ポスター発表ってどんなもの？　*180*

（3）　口頭発表ってどんなもの？　*182*

4.　まとめ　*184*

コラム 11　座長から　　福田博美　　*186*

第 12 章　実践活動から学会発表と論文執筆 ………………… 安富和子…*187*

はじめに　*187*

1.　日本人の一回の食事における咀嚼回数を知っていますか　*187*

2.　子どもたちの食べ方における健康課題「嚙めない子どもは咬合力が低い」

188

3.　健康課題解決に向けた活動「炒り大豆の威力はすごい」　*188*

4.　健康課題解決のための調査研究の実施と評価　*189*

5.　保健室は健康教育の発信地　*190*

6.　学校給食における健康課題解決に向けての活動　*191*

7.　咀嚼回数の測定装置「かみかみマシーン」の開発　*192*

8.　「かみかみマシーン」を使った咀嚼回数の調査研究　*193*

9.　「かみかみマシーン」の商品化とセレンディピティ（偶然の出会い）　*194*

10.　子どもたちの健康への熱い想いが、商品化を実現した　*194*

11.　かみかみセンサーの活用状況　*196*

12.　測定結果を日本咀嚼学会で発表「発表は楽しめましたか」の言葉に感
動　*196*

13.　調査研究結果を学会発表することの意味　*198*

14.　「学問に年齢は関係ない」学びたいと思った時が、旬である　*198*

15.　大学院に通って書いた論文　*199*

16.　まとめ　*200*

コラム 12　勉強ぎらいな私でしたが…　　すぎむらなおみ　*201*

養護教育学のための Book　Review……………………………………… *203*

養護研究のための用語集　………………………………………………… *209*

おわりに……………………………………………………… 川又俊則…*215*

索引……………………………………………………………………… *216*

執筆者紹介 ………………………………………………………………… *219*

第Ⅰ部

実践研究って何をするの？

第1章

日常の職務からのヒント

小川真由子

本章のめあて
・研究したいと思う題材について考えることができる。
・研究デザインについて理解できる。
・実践研究とは何かが理解できる。

はじめに

「研究」という言葉を聞くだけで、難しい、できないと反応してしまう人は多いと思います。そんな固定観念にとらわれず、誰でも気軽に研究が始められるようになって欲しいと願います。本章を読むことによって研究に対する見えないハードルが少しでも低くなればと願いつつ、研究の本質についてお話しします。

1. ヒトは知りたい生き物である

フランスの思想家・数学者であったブレーズ・パスカル（1623-1662）の有名な言葉、「人間は考える葦である」。この言葉の意味をあなたはどう理解しますか。なぜヒトは知りたいと思うのでしょうか。それはヒトゆえの知的好奇

心であると言えます。知りたいと思う欲求は、脳を活性化させる根本的な欲求なのです。冒頭から哲学的な話になりましたが、成長過程において誰しもが経験していることに通じます。幼少期にお父さんやお母さんに「なんで？ なんで？」を繰り返し、困らせた経験はありませんか。その頻度は個人差があると思いますが、物心ついたときからヒトは疑問を抱き、答えを得て自分の知識とし、さらに深い疑問を追及して成長していく生き物なのです。

アメリカの心理学者、アブラハム・マズロー（1908-1970）は人間の欲求は5段階のピラミッドのように構成されていて、低階層の欲求が満たされると、より高次の階層の欲求を欲するとされる基本的欲求の考え方を唱えました（図1-1参照）。

第一階層の「生理的欲求」は、生きていくための基本的・本能的な欲求（食べたい、飲みたい、寝たいなど）。第二階層の「安全欲求」には、危機を回避したい、安全・安心な暮らしがしたい（雨風をしのぐ家・健康など）という欲求が含まれます。この「安全欲求」が満たされると、第三階層は、集団に属したり、仲間が欲しくなったりする「社会的欲求（帰属欲求）」。ここまでの欲求は、外的に満たされたいという思いから出てくる欲求（低次の欲求）で、これ以降は内的な心を満たしたいという欲求（高次の欲求）に変わります。第四階層は、他者から認められたい、尊敬されたい「尊厳欲求（承認欲求）」、最後に第五階層、自分の能力を引き出し創造的活動がしたいなどの「自己実現欲求」が生まれるという考え方です。

ちなみにマズローは晩年、5段階の欲求階層の上に、さらにもう一つの段階があると発表しました。それは「自己超越」という段階で、「目的の遂行・達成『だけ』を純粋に求める」と

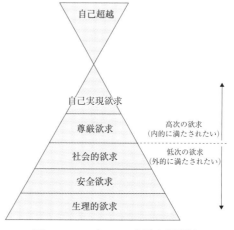

図1-1　マズローの自己実現理論

いう領域で、見返りも求めずエゴもなく、自我を忘れてただ目的のみに没頭し、何かの課題や使命、職業や大切な仕事に貢献している状態だと述べています。まさにこの段階が読者の皆さんに目指して欲しい"ヒトゆえの知的好奇心"であり、職業人としての日ごろのはてなを大切に温めて欲しいと思う所以であります。

2. 日ごろのはてなを大切に

　幼少期の「なんで？　なんで？」の探究心が、年月を経て「なんとなく…」とか「そういうもんだ」に色あせてしまってはいませんか。大人になるにつれて、日々の忙しさや習慣、慣れなどの理由で、いつの間にか「知りたい」と思うことを後回しにしていませんか。立ち止まって考える時間がないという現実もあるかもしれません。また、せっかく抱いた疑問を手短にインターネットで調べて、安易な「なるほど」を得て解決したつもりになっていませんか。昔に比べて便利な世の中になり、瞬時に欲しい情報が簡単に手に入るようになりました。しかし、そうやって得た情報は一時的なものでしかなく、自分の中に知識としてしみこみ、欲求を満たしてくれるものはどれだけあるのでしょう。

　また、その簡単に手に入れた情報はどれだけ信頼性がありますか。例えば、インターネットがなかった大昔の「ハレー彗星事件」について紹介します。1910年、ハレー彗星が地球に接近するという情報とともに、世界が破滅するという間違った情報が流れ、人々がパニックに陥った事件です。中には自殺してしまう人までいたとか。他にも1999年7月で世界が滅びるという「ノストラダムスの大予言」。間違った情報が原因で大惨事にもなりかねない事件が過去にたくさん存在しています。簡単に手に入れられた情報ほど、危ういものが多いと言えます。必ず知識として自分の財産にしたい情報は確実なもの、エビデンス（証拠、科学的根拠）が確立された情報を蓄えるように心がけたいものです。

　もちろん、はてなを感じるのに個人差はあります。筆者が教員になって一年目のときに出会った学生で、とても素直に知りたいことを追求する学生がいま

した。授業の内容はもちろん、テレビを見ていたとき、アルバイトのとき、日常生活…あらゆる場面において疑問を見つけるとすぐにメモをします。そして時間の余裕があるときにその謎解きを始めます。自分で調べ、本を読み、誰かに聞くなどあらゆる手段でその解答を求めている姿はとても生き生きとしていて、輝いていました。私は看護学が専門ですので、その道のことはとにかくいろいろ聞かれました（私の苗字を動詞にして、その過程を"おがわる"と言っていました。「先生、おがわりに来ました」といった具合に）。そんな疑問、考えたこともないという内容ばかりで自分とは違った思考回路に驚かされたものです。「意識を失うってどういうことですか？ 失神と欠神は何が違うんですか？ なぜそのような状態になるのですか？」「昨日の医療系ドラマを見て不思議に思ったんですけど…」などなど。タジタジさせられるような質問や、卵が先かニワトリが先かのような疑問もありましたが、その問答はとても楽しいものでした。「こんな質問、聞いたら恥ずかしいかな？」と考えることは時間の無駄です。聞いて分かれば自分の知識になるのですから。誰かに話す、意見を求めることは他人の考えや情報を共有することにつながりますし、誰かに話さなくてもメモなどに記すなど、言語化することも大切です。漠然とした疑問が明瞭になり、あとで振り返ることも可能になるからです。分からないことを知ることで自分の知力を向上させ、もっと豊かな人生にできるはずです。まずは知りたいこと探しからスタートしましょう。

3. はてなの追求の方法

　次に知りたいと思ったはてなをどう追求していくのか、その方法論について述べたいと思います。皆さんがこれまでに経験した研究はどのようなものでしたか。小学生で宿題として取り組んだ夏休みの自由研究、中学校での理科の課題研究、それらも立派な研究の一つですが、論文として書き上げる研究としては、大学のときの卒業研究でしょうか。しかし、卒業研究での題材探しはどのようなものであったか、思い起こしてみてください。その多くは先輩方の過去の研究材料を参考にし、先行研究を調査した結果、自分が興味関心を引く内容

6 第Ⅰ部 実践研究って何をするの？

だったのではないでしょうか。当然、学生である以上、日ごろの実践活動がない、あるいは少ないので、体験から生まれるはてなは現場でバリバリ働く養護教諭に比べて圧倒的に少ないという理由から、仕方ない現状ではあります。だからこそ、現役の養護教諭の先生方には、日ごろのはてなを追求する実践研究をぜひやっていただきたいのです。

　養護教諭という仕事は休憩時間が最も取りにくい職業の一つではないでしょうか。保健室に来室する子どもたちの救急処置や健康相談、事務作業に掲示物の作成などなど。一日の業務内容だけでも盛りだくさん過ぎて「はてなとか考えている時間がないわ！」と思われた先生方もいらっしゃることでしょう。でも、ここで深呼吸して聞いてください（読んでください？）。忙しいことと、余裕がないことは別物です。どんなに忙しくても目の前にいる子どもにはまっすぐな視線を向けている養護教諭だからこそ、疑問に思う点、気になることがきっとあるはずです。東日本大震災の最中、教職員が円になって今後の対応について話し合っているとき、運動場に集められた子どもたちの方を向いていたのは養護教諭だけだったという話を聞いたことがあります。真摯な気持ちで子どもたちと向き合っている養護教諭であればこそ、はてなが浮かんでくるのではないでしょうか。

　知りたい、調べたいと強く思えるはてなが見つかれば、研究デザインを思案しましょう。研究方法には様々な方法があります。まずは介入を操作できるかどうかによって「介入研究」と「観察研究」に分類されます。介入とは、たとえば健康教育や保健学習、指導など調査者がコントロールできるイベントを指します。それらができない、あるいはしないものはすべて観察研究となるでしょう。次に、観察研究は比較対象の有無によって、ある場合は「分析的研究」、ない場合は「記述的研究」に分けられます。分析的研究においてはさらに調査の時期によって、ある一定の期間のものは「縦断研究」、原因と結果が同時のものは「横断研究」と呼ばれます。さらに縦断研究においては原因から結果を導き出す手法は「コホート研究」、結果から原因を導き出すのは「症例対照研究」と分類されます。例として虫歯になるという結果に対して、給食後の歯みがきをしているクラスとしていないクラスで比較して観察していくの

がコホート研究であり、1カ月後の状態を比較するなど、ある期間での観察を行うことになります。給食後の歯みがきというイベントがどういう結果をもたらすのかという未来の検証になるので、「前向き研究」とも呼ばれます。一方、虫歯になっている子どもたちについてどのような原因が挙げられるのかを検証するものが症例対照研究です。虫歯になっている子どもたちは給食後の歯みがきをしていない傾向にあるようだから、給食後の歯みがきをしている子どもたちと比較して原因を探ってみようという過去を振り返る検証ですので「後ろ向き研究」とも呼ばれます。記述的研究においては「症例報告」や「実践報告」などとも呼ばれ、事例の検討や新しい取り組みの報告などがこれにあてはまります。

　自分のはてなが見つかったとき、その答えにたどり着くためにはどのような調査方法を取るのかを十分吟味して、具体的な調査にとりかかります。

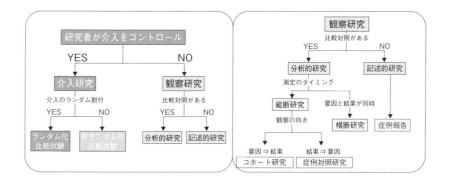

4. 研究材料探しの視点

　過去の偉人から研究題材探しの視点を探ってみましょう。
　かの有名なナイチンゲールは、「白衣の天使」の代名詞のように一般的には知られていますが、実は優秀な統計学者であり、教育者でもありました。看護婦としてクリミア戦争に従軍したナイチンゲールは、便所掃除や病室の掃除、洗濯など衛生環境を整えることによって感染症による死亡率を激減させまし

8　第Ⅰ部　実践研究って何をするの？

た。数字に長けていたことで、兵士たちの死亡の原因究明を統計学的に立証することができ、そのようなエビデンスがあったからこそ、その時代では地位の低かった看護師でも権力者に物申すことができたと言えます。その結果を看護の実践に活かし、そして看護教育の礎を打ち立てた先駆者のひとりです。他にもナースコールや病室の建築的構造の提案など、数多くその功績を残しています。ナイチンゲールの研究材料は「国民の健康の実現」というテーマに基づいたものであり、常に看護の現場にあったと言えます。

　そしてもう一人、わが国初の公費による専任の学校看護婦として岐阜県竹の鼻小学校に就任した広瀬ます先生については、みなさんご存知でしょう。当時、日本中の子どもたちの間に伝染性の結膜炎であるトラホームが蔓延しており、その原因が衛生環境であると考えた広瀬先生は、学校での洗眼を子どもたちに定着させ、その罹患率を低下させました。また、学校だけでは不十分であると考え家庭訪問を行い、保護者への啓発にも力を注ぎ、トラホームの撲滅に貢献したという有名な話です。広瀬先生は子どもたちの苦痛を取り除くために、トラホームの蔓延の原因について研究し、洗眼の習慣化にたどりついたのです。その研究材料は「子どもたちの健康を守るため」のものであったと言えます。

　さて、次は実践研究を行っている知人の先生についてお話します。

　現在、高等学校において、性に関する指導に力を入れて取り組みをしている養護教諭のＡ先生を紹介します。Ａ先生は、特別支援学校で性教育の実践をされた後、高等学校でも実践をされています。特別支援学校での性に関する指導は、卒業後を見据えた「生と性教育」として、担任、保護者、医療・福祉機関と連携を組んで行われていました。年間を通して計画的に発達段階にあった内容を追求し、高等部３年間、集団指導と個別指導を繰り返し行っていたそうです。性教育の実践を通して、個人差はあるものの、生徒たちに正しい知識や行動を身につけることと、支援に関わる人たちが連携を組み、長く指導、支援ができる態勢づくりを確立させるという実績を残されました。

　その経験を踏まえ、高等学校での性に関する指導の要点は、命の教育であり、人権教育であり、ライフプラン教育であるとＡ先生は捉えています。高校生にとって社会に出る前の学校で受ける最後の性教育として、産婦人科医、

助産師、大学教授などの専門家と連携を行い、生徒たちの現在と未来に向けた講演内容を高校3年間で完結できるよう計画的に行われています。また、養護教諭として自らも教壇に立ち、教科担当、学年団と連携してクラス単位での指導も率先して行っています。生徒たちが正しい性の知識を科学的に捉え、社会で起きている様々な性の問題を自分なりに考え、自分らしく生きるとは何かを探る基盤づくりを目標として、どのような授業内容が効果的なのかを追求し、性教育実施前後のアンケートによる実態調査を取り入れた実践研究を継続されています。A先生の研究材料は"目の前にいる生徒のための性教育作り"といったところでしょうか。

　最後に学生の視点からの材料探しについて紹介します。養護教諭課程の短期大学を卒業後、養護教諭1種免許取得を目指して専攻科へ進学したBさんです。彼女の場合は短期大学時代に卒業論文、その後進学した専攻科での修了研究と4年間で2題の論文を書き上げています。卒業論文では、大学内の学生にアンケートを依頼し、自己肯定感と友人関係についての傾向を分析した内容をまとめています。なぜこのテーマにしたのかを尋ねたところ、友人関係についての興味があり、身近なところでのアンケートが可能だったからという回答でした。ほとんどの学生がそうであるように、「卒業するために論文作成が必要であった」という課題意識のほうが大きく、純粋な研究意欲という部分は少なかったようです。

　一方、修了研究においては研究について本格的に学び、2年間をかけて仕上げるものであるため、テーマ選びについてはとても苦労したことを語ってくれました。学生は現場の経験がないため、日常業務から感じるはてなを抱くことはできません。そのため、少しでも興味がある内容に関する先行研究を読み漁り、これまでに明らかにされていることはどのようなことか、まだ調査されていない視点はあるのか、その領域に関する課題は何なのかなどについて徹底的に調査します。こうした行程を踏み、自分だけのオリジナリティーあふれる研究テーマの設定に、半年以上かかる場合もあります。Bさんも2転、3転テーマを変更し、「LGBT教育について」という題にたどりついたそうです（詳細は第9章をご参照ください）。そのテーマにした理由は、自身が中学生時代の

10 第Ⅰ部 実践研究って何をするの？

友人からカミングアウトされた経験があり、学校での困りごとや苦労したことなどを聞いたことがきっかけとなったそうです。将来養護教諭を目指す自分はそのような相談を受けた時に何ができるのか、学校としてどのような対応をするべきなのかなどについて知りたい、そしてLGBTについての現状や課題について調査したいと考えたそうです。Bさんの研究材料は「友人からの相談」だったのかもしれません。

　このように、その人によって研究材料となり得るものは様々ですが、大切なのは「なぜそのテーマにしたのか」ということです。つまりその原点ははてなから発生した本当に知りたい内容であり、その部分は「研究の目的」になり得るからです。そこを大切にできれば愛着のある研究となること間違いなしです。

5. 実践研究のススメ

　さて、これまで読み進めていただいた中で何度か目にした「実践研究」という言葉について、深めたいと思います。

　「実践」（Practice）とは、実際に行っていることの意味、同義語には実行、履行などがありますが、そのニュアンスは少しずつ違います。「実行」（Action）は考えたり計画したりしたことなどを、現実のものにすること。「実践」はよいと考えていること、理想とされていることなどを、自分で行うこと。「履行」（Execution）はなされた約束や契約などを、それにたがわずに果たすこと。いかがですか。日本語って難しいですね。一方、対義語としては「理論」（Theory）があげられ、その意味は順序立てて説明するための論述のこと。実践は体を動かすことに対して、理論は頭の中の作業、とでも区別できるでしょうか。養護教諭としてライセンスを持ち、専門職として日々行っている業務はやはり「実践」そのものですね。「実践研究」については、今も多くの学会や研究会などで議論されているワードの一つとなっています。例えば、舘岡（2010）は、「実践研究」を「教師がめざすものに向けて、その時点で最良と考えられる学習環境をデザインし、よりよいと思われる実践を行い、それを実

践場面のデータにもとづいて振り返ることによって、次の実践をさらによくしていこうとする一連のプロセス」であり、「教師自身の成長のプロセス」でもあると述べています。また、細川（2005）は、「『実践研究』とは、絶えず自分の教室を振り返り、その意味を考えては新しい試みをめざし、その試みの過程で、常に自分のアイデアを他者とのインターラクションのふるいにかけ、よりよいものにしていくという実験的かつ試行的な自己表現行為である。」と定義し、「『実践』それ自体が『研究』である」という立場をとっています。

　一方、実践研究の類義語に「実践報告」が存在します。実践報告は「…しました」という形で終わり、普遍性を追及する形にならないのが普通です。しかし、学校現場で書かれる実践報告でも、このように実践しましたということだけでなく、実践の結果、何が問題点として提起されるか、効果としてどのようなことが得られたかなどを結論として書くことで、立派な実践研究となり得ます。したがって、実践の記録を綴るだけではなく、教育活動に潜む教育的な課題や事実を見つけ出し、提示していくねらいを持って研究活動を行うことが必要だと言われています。

　これらのことを踏まえ、本書で述べる養護教諭が行う実践研究の定義は、「養護教諭としての業務について、研究活動を行い、相関関係、因果関係を読み解いた上で、新たな事実や問題点の提起や方法の提案などが提示されたもの」とします。とはいっても、言葉の理解だけでは実践研究になりません。次章以降を読み進め、本書を読み終わる頃には「実行」できることを期待します。

さいごに

　本章では、研究題材の探し方をはじめ、研究方法の種類などについて示しました。日頃のはてなや日常業務での疑問点を大切にすることや、そこから知りたいと思うこと、さらには研究へとつなげていけるような流れがこれまでよりもスムーズに感じていただければ幸いです。研究活動は「苦」ではありません、知りたいことを追求する「楽」あるいは「幸」でありますように…。

12 第Ⅰ部　実践研究って何をするの？

やってみよう！

・今一番知りたいと思うこと、日頃疑問に思っていることで、研究材料になりそうな
　はてなを挙げてみましょう。

・そのはてなの調査方法について考えてみましょう。

| コラム 1 | 歯みがき指導研究 |

愛知教育大学　山田浩平

歯みがき指導の問題点 1

　歯みがき指導はほぼすべての学校で行われているといっても過言ではありません。しかし、学校現場で実施されている歯みがき指導の実践報告を概観すると、歯みがきに対する技能の習得（行動形成）のみに終始しているといった問題点が挙げられます。

　古典的ではありますが、人が健康行動を獲得するためには知識（Knowledge）と態度（Attitude）と行動（Practice / Behavior）の 3 要因が必要条件です。これらはその頭文字をとって「KAP（B）モデル」と呼ばれています。歯ブラシの持ち方や歯のみがき方は行動形成にあたり、多くの学校ではこの行動形成のために教材や教具を工夫して歯みがき指導がなされています。これに対し、知識とはなぜ歯をみがく必要があるのかなどの歯みがきを行う意義にあたり、態度とは歯みがきは大切だ、毎日歯をみがきたいなどの意欲にあたります。つまり、行動形成に終始しているということは、学習者が歯みがきの大切さや歯みがきに対する意欲を持たないままに指導をしているということになり、日常生活での歯みがきの定着を図るのは困難といえます。もちろん、知識形成や態度形成は、教科としての保健の授業で行うといった意見もありますが、それでも保健指導の中である程度の知識および態度の形成も必要となります。

歯みがき指導の問題点 2

　2 つ目の問題点は、指導がやりっ放しで効果があったのか否かの評価がなされていないということです。評価といってもその種類は数多くあり、例えば評価の種類を時系列で挙げるのなら、授業前に作成する学習指導案（授業計画）を評価する「企画評価」、授業の途中で行う「形成的評価」、授業の直後に行う「直後評価」、授業実施 1 週間や 1 カ月後に行う「フォローアップ評価」などがあります。また、評価には感想文の記述などの質的評価、知識テストによる正解率などの量的評価があり、評価の種類を使い分け、知識は形成されたのか、態度は形成されたのか、齲歯率は下がったのかなどの評価を行います。

　よく授業直後に実施される感想文は、学習者が印象に残っている学習内容が記載されるため、どの指導内容が印象的であったのか、指導はわかりやすかったのかなど、授業者が指導を振り返るための資料といえます。この感想文も、「よくわかった」「大切だと思う」「日常生活に生かして行きたい」などの文章を単文化し、その割合を算出すれば、より客観的な評価になります。なお、具体的な評価にあたっては紙幅の関係でここには記載できませんが、参考文献を参照してください。

14　第Ⅰ部　実践研究って何をするの？

効果的な歯みがき指導を実施するために

　歯みがき指導の効果をあげ、さらなる推進を図るには、行動変容理論の知識・態度・行動形成の3側面からの指導が肝要であり、加えて評価（形成的評価、直後評価、フォローアップ評価）に裏打ちされた効果的な学習指導過程を展開する必要があります。これらの内容を理解し、研鑽されることを期待しています。

参考文献

山田浩平他：新学習指導要領における小学校保健授業の改善・展開、大日本図書、教授用資料（2018）

第2章
現職者こそ研究をして発表を

大野　泰子

本章のめあて

・保健室での困り事や疑問の気づきから、改善のヒントがわかる。

・問題解決のため、雑誌や文献を調べることができる。

・身近な気づきを仲間や組織で語ることができる。

は じ め に

　保健室は学校教育法施行規則によりどの学校にも設置しなければならず、また養護教諭は教育基本法により小中学校においては必置職員と定められています。養護教諭は児童生徒の養護をつかさどる職として専門性をもち、学校の児童生徒の健康管理の責任を常に意識している職種です。また同時に教員として教育にたずさわり、児童生徒の成長発育を養護教育する教員でもあります。

　しかし、高校や幼稚園では養護教諭は「養護教諭を置くように努めなければならない」と規定されており必置職員ではありません。学校教育において養護教諭が不在の私立高等学校や幼稚園の場合はどうしているのでしょうか。不在の学校では、特定の教員が教鞭をとりながら生徒の心身の不調に対する対応を行い、また幼稚園では、園長や主任が保育をしながら対応を行っています。幼稚園では、保健室（医務室）は設置されていれば良い方ですが、あっても残念ながら利用せず物置化している園もあります。小・中学校でも、保健室の場所が校舎の隅に設置されていて、対応しやすさから職員室で執務や救急手当を

16 第Ⅰ部 実践研究って何をするの？

行っている学校もあります。保健室だからこそ清潔迅速に救急処置を行い、プライバシーに配慮をした個別対応ができ、感染症による早退判断の保護者迎えまでの隔離室的役割ができるなど特別な場所の理由があるわけですが、保健室の役割が失われているように感じられます。

　近年、学校教育が抱える健康課題も複雑・多様化しており、養護教諭は最新の専門的知識や指導技術等を身に付けることが求められています。看護師は病院という設備の整った医療チームで看護を行うに対し、養護教諭は保健室で健康に関する唯一の専門職として、子どもたちのけがや訴えから、どうしてそうなのか、この対応でよいのか、と考えながら、学校看護・教育における養護判断を行っています。

1. 保健室での困り事や疑問から研究へ

　養護教諭の年間業務を考えた時、先ず4月から始まる学校行事の定期健康診断があります。新規採用もベテランもすべての養護教諭は学校保健安全法で決められた健康診断の検査・健診をメインとした健康管理業務に追われる日々があります。さらに、健康観察や救急処置、健康相談などの業務も同時に待ったなしです。新学期当初は学校運営全体も試運転の様子を呈し、児童生徒の中にこの不安定さから友達や学級になじめず、安定やケアを求めて保健室に"なんとなく症状"を訴えて来室することがあります。そんな時、多忙さから余裕がなくいつの間にか対応も緊急以外は「頑張りましょう」や「まあいいか」「あとで」と、問題意識が薄れて見落としてしまうこともあります。救急処置は職務としての位置付けが大きいにもかかわらず、児童生徒の来室記録や執務日誌をまとめると、あとで原因や傷病の記録から問題に気付くことがあります。一人職種が大半の養護職務は、あとでの自己評価は、特別な外からの指摘や問題発生がなければ見過ごしてしまう事柄になっているのかもしれません。

　大学では、学生の養護実習体験と同時に、実習中の気付を「研究」課題にしています。大半の学生は、その学校の毎日の保健室来室記録資料の提供をいただき、集計考察をしてきます。来室者が曜日別・学年別・性別・症状（傷病）

別の頻度、天候との関係などの集計結果から、学校生活と児童生徒の実態を数字的に考察する報告があります。報告の中に、内科外科の傷病、発生日時、学年の集計以外に、児童の学年が大きくなると経験知から行動力や判断力が身に付き、QOLの確立がみられると健康教育を考察した報告がありました。またけがの発生を、実習校と全国調査結果と比較をし、学校統合などでのスクールバス通学が子どもの運動不足化を助長させているなど、今日的な地域性を深く考察した研究もありました。これらのように、保健室で今日も行われている養護実践活動を、慣例的になりがちな対応をこれでよいのか、なぜそういう状況なのかと疑問をもって、少し背伸びした立ち位置から自らの実践記録を見なおすと問題解決の糸口が見つかるのです。

今日学校での健康課題の解決は「チーム学校」としての対応が求められ、養護教諭の立ち位置は多くの情報を持っていて、コーディネーターとしてチームを動かす力が期待されています。そしてその動かす力は、養成・研修・現職を通して繋がる実践研究から身につけることができていくでしょう。

2. 養護実践活動から養護教諭にしかできない役割が見つかる

養護教諭の職務は学校教育法第37条題2項で「児童生徒の養護をつかさどる」と定め、平成20年文部科学省教育審議会答申ではその役割を、"現在"と前置きし、保健管理、保健教育、健康相談活動、保健室経営、保健組織活動などを行う職員であると提言しています。これらの役割を担っている養護教諭の活動から、養護教諭の職として取り組みをふりかえってみましょう。

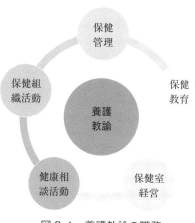

図2-1　養護教諭の職務

（1） 保健管理の実践活動

1） 健康診断

　現職時代に、学校保健の困り事があると相談に乗っていただいていた総合病院小児科のN先生のエピソードを紹介します。N先生は、養護教諭の職に対して理解のある方でしたが、「養護教諭は毎年健康診断を行っているが、その結果の意味するものが見えていない。毎年同じ報告をしているだけなら誰にでもできる」と、叱咤激励してくださる方でもありました。特にN先生は成長ホルモンの関与する低身長児の治療研究を続けられており、毎年実施している身体測定結果を個々の児童において成長曲線に描いて経過を見ていけば、発育異常の早期発見や治療により小人症を防ぐことができるが、養護教諭の身体測定は、測定の意味や目的が明確でないと指摘し、ただ測定しているだけと批判的でした。これは、小児科医として成長ホルモンによる治療が可能であるにもかかわらず、受診が遅く治療できなかった子どもを何人も見ていらしたN先生の苦言です。健康な子どもが大半の学校では、ともすると身体測定結果を健康診断票や健康手帳の転記で済まし、個々の成長を疑うことなく見落としてきたこともあったかもしれません。また保護者においては毎日子どもを見ていると、学校から年間身長の伸びが5cm以下であり低身長の疑いとして受診勧告しても、「我が家の家系は小柄だから」と見過す場合もありました。N先生の激励は養護職務に対するヒヤリ・ハットでもありました。2016年学校保健安全法施行規則の改正にともない、成長曲線によるデータ入力による評価が新たに（以前からも関心のある教員は活用していた）導入されました。先のN先生は治療研究の過程で、製薬会社と発育曲線ソフトの普及に取り組まれていましたので、とうとう一般化されてきたのだという思いでした。身体測定から発育測定という見方をすることで、意識が変わります。健康診断の発育評価は法改正によって、すべての学校で測定値を客観的にみるデータツールが導入され、今後は低身長の発見はもちろんのこと、虐待や疾病による身長の発育不全や遅滞のサインを見落とすことは少なくなるのではないでしょうか。

　また身体測定では児童相談所のS所長から伺った話による気づきがありました。S所長は、養護教諭の行う身体測定から、子どもの虐待が見つかると事

例を語られました。学校給食のない夏休み明けの体重測定では、虐待が疑われる家庭の子どもは、体重が増えないばかりか減少していて、昼食を準備されていなかったことを憶測できるということでした。体重の減少は、保護者のネグレクトの発見契機でもあるわけです。保育所や幼稚園では毎月の身体測定は行われていますが、学齢が進むにつれて発育発達は当然のため、学校では体重測定は年1～2回のところが多いようです。しかし、養護教諭にしか把握できない情報でもあるわけです。養護教諭の実践活動は子どもの教育には欠かせないと自負するには、このような身近で現実的な根拠が必要なのです。

2）救急処置

　学校における救急処置は、養護教諭の役割として先ず期待されるものです。保健室は医療機関ではないので、医療設備はありませんし、医師もいませんし、協力してくれる看護師仲間もいません。しかし場合により命にかかわる対応が求められる時もあります。学校職員として唯一医学や看護を学んだ養護教諭であっても、たいていは一人配置であり、養護教諭自身の判断による対応は緊張が伴う場面でもあります。救急処置は外科的・内科的対応があり、児童生徒や教職員において学校では保健室は救いの場所です。同時に、対応した判断でよかったのか、救急処置の経過を聴き取り記録に残すことは、次の対応と比べ自己検証し評価が可能になります。死に至る重大事故は誰もが経験するわけではないのですが、養護教諭の仲間の中には何人かそんな辛い経験をした人がいます。筆者は救急車を呼ぶ対応を40歳になって初めて経験しました。幸いかどうかわかりませんが、その時に落ち着いて判断し、その情報を伝えられたか、たいへん緊張しました。日常的でないヒヤリ・ハットする経験の自己評価は、後に経験知となって、判断力など力量形成につながる部分です。このような体験を事例検討につなげれば、その場面を個人や仲間と多様な見方で共有しあい、経験知のスキルアップへとつながります。

　一方緊急時の養護（教諭）判断はどこまで信頼度があるのか不明なため、些細なけがでも責任の重さから、医療機関にすべて受診させる方針の学校もあります。養護教諭は医師ではありませんが、児童生徒の普段の状態を把握しており、緊急トリアージ保健室版で、緊急搬送や専門医受診、経過観察などの判断

20 第I部 実践研究って何をするの？

ができるスキル教育を受けた職種です。それゆえに専門職としての養護判断ス
キルをさらに磨くことは、職務として常に真摯に行っていかなければならない
ことです。

　医療機関につなぐ判断力をもつには、この職種であるからこそ様々な角度
の感覚を養い、観察力をつけたいものです。そして養護教諭には、可能な救急
処置により負傷者の痛みを和らげ、受診後のケアを適切にできる学校看護知識
があり、教員や家庭に対し養護教諭ならではの独自の教育的な関わりがありま
す。ひとつに、適切なアセスメントやバイタルの測定から想定される情報判断
です。健康の自己管理が求められている今日、専門家にすべてお任せする「保
健室へ行こう」ではなく、学級担任も児童生徒の行動観察から簡単な問診はで
き、担任の気づきや判断から養護教諭につなぐ指示することもできます。ある
大規模小学校では、各教室にも簡単な救急処置キット（体温計・キズ絆創膏・
滅菌ガーゼ・手指消毒綿等）を配置し、担任が子ども一人ひとりの訴えを把握
してから保健室対応に連携するよう、協力体制をとる実践もあります。そして
救急処置においても、担任と連携した教育的な配慮を含めた養護教諭の対応に
つなげています。感染症の流行期には職員会議や家庭への保健だよりなどで情
報提供を行い、感染症予防における予防措置につなげています。今日保護者の
共働き家庭が増え、学校が家庭の判断や協力を求めたい時に連絡できないこと
があります。児童生徒が発熱していても、子どもを一人で家庭に寝かせておく
ことができず、やむを得ず登校をさせる家庭もあります。しかし感染症の種類
や程度によっては生命の危機に陥る場合もあるので、児童生徒への健康教育と
同時に、家庭に向けた感染症情報の提供は重要です。学校というコミュニティ
は、個人の健康管理はもちろん地域の感染症予防にも、健康情報発信を期待さ
れるところがあります。

3）健康観察

　健康観察は学校では朝のホームルームのメニューの一つとして実施されて
います。学校保健法により従前から実施されてきましたが、学校保健安全法第
9条に「養護教諭その他の職員は、相互に連携して、健康相談又は児童生徒の
健康状態の日常的な観察により、児童との心身の状況を把握し、…必要な指導

を行う…」と法的に位置付けられました。子どものいじめや不登校など、心身の健康状態を教員が把握する方法の一つとして、学校における教育活動を円滑に進めるために行われる重要な活動であると解説もされました。その目的は、①子どもの心身の健康問題の早期発見・早期対応、②感染症や食中毒の早期発見対応、③継続的な実施による自己健康管理能力の育成があります。また健康観察は、子どもの挙手による体調の自己申告方法が主に実施されていますが、個人の健康観察カードを取り入れた自記式健康観察の実践も報告されています。思春期に近づくとともに個人によっては、本当の健康状態を「はい・いいえ」で伝えられない微妙な心情があり、ストレスに影響され、睡眠や食事などの生活習慣にも関係して頭痛や腹痛などの症状として現れます。何日も同じ主訴が続くと、いきなり保健室登校や不登校になる子どももいます。一方そのことにいち早く気づき、子どもたちの体から感じる声に向き合おうと、先に述べた「個別の健康観察」に取り組んだ実践報告もあります。心身相関から体の訴えは、心の悩みの叫びとして健康観察票に書きこみ、それを養護教諭は受け止め学級担任の連携につなぐ実践が行われています。K養護教諭の健康観察に関する修了研究論文では、この実践をしている養護教諭のインタビュー結果を分析し、自記式健康観察は生徒の心身の健康管理の有効性が高いことを証明しました。

　健康観察における同日複数の主訴は、学校感染症の発生や、食中毒の早期発見につながります。平成8年学校給食による大腸菌0-157による集団感染がありました。この時も健康観察の結果は、子どもたちの健康状態を把握する視標として重要な役割がありました。学級閉鎖を行う場合は、欠席者数と同時に、出席者の健康状態も判断情報として重要です。これは学年閉鎖や学校閉鎖を決める公衆衛生的な感染症予防判断情報でもあり、地域の感染症の蔓延予防にも関与する情報につながります。現在学校感染症報告は、感染症サーベイランス情報として情報公開され活用されています。このことから、いわば学校保健室情報は、地域の健康管理につながる「地域保健室」も担う訳です。

(2) 健康教育

　健康教育は、保健学習と保健指導に大別されています。保健学習は、学習指導要領で基準が決められ、児童生徒が生涯を通して様々な健康課題に適切に対応できる資質能力を育成することが求められています。「健康の保持増進のための実践力」の育成として、小学校・中学校・高等学校を通じて、系統ある指導を目指し、計画的に進められ、授業評価を伴うものです。保健指導は、児童生徒の当面する心身の健康問題の解決として、集団の場、個別の場の指導があることは周知のとおりです。保健管理で課題としてみつけた事柄を解決するために、その手立てとして保健教育は知識や実践力を育てるものです。

　保健学習は、指導者が教員、保健科教員に限られますが、学習内容により養護教諭が効果的な指導者である場合もあります。1998年その学校に3年以上教職経験があり、かつ管理職の推薦で「兼務申請」を行えば、保健学習教員として授業を行うことができるようになりました。しかし複数配置校でなければ、保健の授業時間保健室を空けなければならない事情があり、兼務申請者は少ない現状があります。教師と複数による授業運営（TT）では、専門的な身体の講話を担当する実践報告もあります。

　一方保健指導は、掲示物や保健便りでの指導が中心です。定期的な身体計測の時間を確保し、測定後の時間にショートの保健指導を工夫して実践しています。授業時間の関係で、集団学級指導の時間の確保は難しい学校もあります。保健指導は救急処置をしながら行う場面や放課後必要な児童生徒を集めて行うなど、実践する工夫は形を変えて様々に行われています。

　これらの健康教育は、保健室経営実践としてその学校の子どもたちの実態に即し、保健学習や保健指導に盛り込んだ報告があります。保健室経営の視点は、疾病の罹患状態や保健室の来室記録、相談内容などから、健康課題を見つけ、健康教育につなげることです。筆者はかつて、う歯が減らないのはなぜか、中学校区の幼児・児童・生徒とその保護者の協力をいただき、児童生徒の横断的な生活習慣実態調査を行い論文にまとめました。健康教育を行うために、調査データを分析し、学校を取り巻く健康と行動の展開を考えるプリシード プロシード モデルを考案しました。これは、グリーンらがヘルスプロモーション

の考えにもとづいて、健康対策の全体を生活の質（QOL）、健康、行動とライフスタイル、環境の指標に当てはめて現状評価し行動変容をモデル化したものを参考に、自作したものです。学校の保健教育から地域保健活動につなぐモデルですが、1つの課題が1つの学校を超えて、そこで生活する子どもや大人が関係していることを明らかにすることができた一例でもあります。

（3）健康相談活動

　健康相談として全体で位置付けされる内容ですが、養護教諭養成カリキュラム（教育職員免許法施行規則第9条）において「健康相談活動の理論及び方法」科目となっています。養護教諭の行う健康相談は、他の担当者が行う健康相談とは異なり、身体の訴えから心的な要因に気付き、心と身体の両面に対応を行う活動と定義されています。健康相談活動は、場面での相談だけでなく、保健管理として健康観察や健康診断、救急処置、保健調査の情報から、相談者の背景を総合的に知ることができます。それゆえに、養護教諭の行う健康相談活動として特別な職務として位置づけられ、保健室での相談活動は、教職員からも期待されています。また、学校保健安全法第8条では「学校においては健康相談を行う」、第9条では、「養護教諭その他の職員は、相互に連携して…」と記載されています。学校の健康相談は、校内組織として教育相談部や生徒指導部が定期的に事例検討会を行い、共通理解を深め、特別支援教育、虐待、災害や事故の発生時の心のケアなど様々な場面での対応が行われています。学校にはスクールカウンセラーが臨時職員として配置されており、子どもの個別面談や教職員への見立てのアドバイスなどを実施しています。しかし常駐ではないため、子どもの相談対応に期待されるのは養護教諭です。養護教諭の執務室として保健室は学校に設置しなければならない部屋にもかかわらず（学校教育法施行規則第1条）また、学校において安心で特別な場であるにもかかわらず、その場所は子どもたちが立ち寄りにくい場所にあり、機能的な環境でない場合があります。今日の複雑な社会環境から児童生徒の育ちが損なわれ、いじめ、不登校、虐待、自殺企図の若者など様々な心の健康課題にストレスを感じる子どもは増えています。保健室は、誰も気付かないSOSを見せることので

24 第Ⅰ部 実践研究って何をするの？

きる学校の唯一の場所でもあります。子どもの姿から無言の訴えを見つけるスキル形成は、専門的な研修や事例研究を積むことにより力になり、これらは保健室経営に繋がっています。事例研究の詳細は、第Ⅱ部5章「事例研究から始まる調査研究」で詳しく述べられます。

（4） 保健室経営

　今日児童生徒の健康課題は個々の問題ではなく、学校の課題であるといわれています。社会の変化から健康課題は山積しており、まずは土台である心身の健康こそが重要であり、学校経営の一部として、健康課題に対する共通認識を持ち保健室経営計画や学校保健計画を練り上げることが必要とされています。保健室経営は手元にある様々な実態を評価することから始めることができます。学校の健康の評価項目は、健康管理上の問題として、①健康観察の結果、②健康診断結果、③保健室の利用状況（傷病の処置記録や保健日誌）、④各種保健調査の結果、⑤健康相談・保健指導記録、⑥スポーツ振興センター利用状況、⑦感染症発生報告、⑧学校環境衛生結果などがあります。保健教育上の問題としては、①保健学習の状況、②学級保健指導の状況、③特別な保健教育的配慮の必要な子ども、④生活習慣、⑤地域の関わりなどを昨年度の結果と対比してみましょう。そして、これらの実態をできるだけ数値化し、コンピュータの統計処理を活用したデータ分析結果から真の課題発見につながると考えます。

　気になる実態は本当に問題があるのかどうか検討し、学校全体に問題意識をもつように説得するだけの根拠を見つけるためには、エクセル統計を使いこなせばかなりの分析が可能になります。割合の比較においての多い少ない分析ではなく、差があるといえるのは簡単な有意差検定の技法の習得から、実態を客観的に問題発見し、改善のための計画（Plan）が根拠値をもって立てることにつながります。このような気づきを保健室経営計画に取り上げて、学校教育目標や学校経営目標との関係も当然意識していくことが、その学校の健康増進につながる計画になります。また実施後の評価は今後の活動を左右します。実践（Do）は評価（Check）され、評価の実施者は学級担任等の教職員に留ま

らず、評価内容によっては児童生徒を含んだ評価も必要です。多様な関係者の評価も適宜取り入れて、広い視野で多面的に分析・検討を、学期、年度など必要に応じて実施することがいっそう効果的でしょう。そして実施計画目標の評価から、年度途中の修正を加え次年度に向けた方向性が見える改善（Action）となります。養護教諭の思いから始まる視点が、健康課題の根拠を明示し、学校全体で健康課題改善のPDCAサイクルとして動き出すことで、子どもの健やかな成長発達を可能とするといえます。先に述べた健康教育や、健康管理は、保健室経営という教育の樹から、育つ力になっています。

（5）保健組織活動

　かつて筆者が赴任した小学校は、10年ほど前に健康優良校日本一に何度も選ばれた学校であり、学校保健委員会活動が盛んでした。保健組織活動の役割は学校保健委員会活動を主として指していますが、伝統ある学校保健委員会を毎学期1回開催は、新任の筆者にとってはたいへん緊張する重荷の活動でした。1学期は定期健康診断結果や夏休みの生活管理、2学期は健康づくりの取組報告、疾病管理の経過や環境衛生活動結果、3学期は健康安全の年間評価を主とした話題でした。学校保健委員会で数年報告する中で、早期発見、早期治療のみに重点を置いていることに気づき、健康行動の予防行動を、「養護をつかさどる＝健康の保持増進」を振り返って考えたことがありました。しかし参考となる資料は当時少なく、手元にあった学校保健雑誌や研究会の報告をもとに、生活習慣の改善には身近な「生活点検調査」だと考え、保健主事に相談し活動を始めることができました。この点検は週1回学級で実施し、集計結果を学級担任に報告し、担任や子ども自身に生活が健康に関係していることを気づかせる活動でした。生活習慣は子どもの問題ばかりでなく、家庭の生活習慣と関係するため、結果を学校保健委員会の話題として提供したことがありました。そして学校保健委員会の取組は、PTAをはじめ地域の協力者に学校保健活動を理解、承認していただくチャンスであり、今となれば貴重な経験となりました。後にこの理解から、1年間の校内研修テーマを「健康」として、学校全体で様々な取組を行うきっかけになりました。

26 第Ⅰ部 実践研究って何をするの？

　養護教諭の職務における役割は以上のように5つに大別されていますが、そ
れぞれつながりのある活動実践です。そしてその活動は気づきが全児童生徒の
成長発達を温かく見守る専門性につながっているといえます。どうすれば集団
や個人の健康度を増すことができるのか、一人ひとりの問題から、集団の問題
へと専門職としての実践の工夫が求められます。

3. 問題解決の視野を広げる雑誌や文献の活用

　現場の養護教諭から研究の相談を受けることがあります。その際に研究で
使っている参考文献についてお聞きすると、たいてい行政を通じて配布された
日本学校保健会発刊の資料と、学校保健雑誌との返事が返ってきます。筆者も
学校勤務の時にはそうでした。現在ではコンピュータは、仕事上、辞書・筆記
用具同様の扱いとなっています。インターネット検索の先行文献は、コピーや
プリントアウトすることが可能なタイプもあり、一つの文献から、論文を書き
上げた筆者が他にも参考としていた文献も追跡把握することができます。また
文献は図書館を通じて所属図書館宛に郵送による取り寄せも可能です。保健に
関する書籍も多様に発刊され、どこでもインターネット購入できるようにもな
りました。
　教育現場では教育研究会活動が定期的に開催されており、養護教諭は学校単
独配置が通常であることから、研究会活動は自校の実態評価を考える上で大い
に参加したいものです。研究の課題として考える部分は、その養護教諭の関心
を現すことにつながっていますが、その学校の子どもの健康増進となる内容で
なければ、自己満足の興味本位の研究であってはならないと考えます。養護教
諭が転勤すれば、子どもは変わらないのに学校の健康課題が急に変化すること
は考えられないでしょう。学会参加による研究動向の把握や、意見交換の実施
など、自己の解決したい課題研究を身近に見聞きすることができるようになっ
てきました。学会誌には様々な論文が掲載されており、研究手法など参考にな
ることも掲載されています。
　現在、学生時代に身近な地方学会への参加を養成大学ではたいてい勧めてお

り、学会も遠い存在ではありません。卒業論文研究においても、研究手法を使い系統だて資料収集を行い、分析し、文章でまとめていく力を学生時代から必要なスキルとして見つけさせるトレーニングが行われています。しかし残念ながら40歳代後半以前の養護教諭は、そのような研究教育体系ではなかったので、苦手な方が多いかもしれません。毎年学会参加の機会があるので、ぜひ近隣で開催される学会参加から体験してみて、普段の執務を振り返る機会を持ちたいところです。そして現職が学びやすい学会に入会して、批判的に見識を広めてみることもお勧めです。研究の進展によっては、個人や気の合う人たちのグループで、学会発表や研究会での発表もやぶさかではありません。学会発表の詳細については、第Ⅳ部10章「実践報告」、11章「学会発表・論文執筆に向けて」で述べられます。

　また、様々な研究者の著書も発刊されており、養護教諭に限らず教育の動向や、関連する国内外の情勢を知る機会があります。実践的な手法を解説した書物を先ず手に入れるけれど、実践をまとめて文章化していくときには、教育上そのことの意味を述べる書物も関連して学んでおく必要があるといえます。県・市立や母校の図書館を利用して、文献を読む環境は求めれば難しいことではありません。養護教諭は学校に単独に在籍する場合が多いので、研究会参加による横のつながりや、同期、同窓、同地域、同研究の養護教諭で共に文献による学びも進めたいところです。文献による読み込み研究（査読様）は研究手始めとして行うことは、多くの意味があります。

　お読みいただいている本書も、必ずその一つになるでしょう。

　現場で多く行われている研究は、数回の打合せで役割を決めてまとめて発表する単発的な場合が多いようです。グループ研究ではぜひこれまで研究発表された資料を蓄積し、参考にしていくことが自己の研究の舵取りにもなっていきます。また発展的な研究にしていくためには、手順を踏んだ課程が必要であると考えます。何よりそのような研究を行うことで、新たな発見をする「わくわく感」が、研究の扉を開けることの喜びに繋がっていることでもあります。文献検索の詳細は第Ⅱ部4章「文献・資料を読もう」で述べられます。

4. 研究でつながる多様な組織（チーム）を作ろう

　学校現場では教員が多数であり、養護教諭の研究は専門職として仲間同士の研鑽は研究者である教員として欠かすことができないものです。養成教育では卒業研究を学修のまとめとして課している大学がほとんどです。その大学教育により多様な卒業研究が存在しますが、学校保健や教育保健関係又は、心理系教員には研究を行い、自己研鑽する義務があります。その一つとして設置者には教員の研修が位置づけられており、様々な職種テーマ別に研修が行われています。養護教諭は養護教諭として研修を受けることが多いですが、性教育や食育などのテーマで他教員と研修を行う形もあります。

　そのような研修を受講する中で、養護教諭自身が専門性に自負を持つことが重要であると考えます。これらのことから、学校保健活動推進において中核的役割を果たす養護教諭のありかたは、自己研鑽 — 自己研修ができるか、自己評価ができるのか、何を持って児童生徒の健康を保持増進する活動であるのか根拠を持っているのかなど、常に問いながら資質向上していくことであるといえるのではないでしょうか。

さ い ご に

　養護教諭の職務とは何か、学校教育法により、同法第37条第12項において「養護教諭は児童の養護をつかさどる」とされ、この概念は「児童生徒の健康を保持増進するためのすべての活動」と解釈されています。養護教諭は「教師」であり、「援助者」でり、児童生徒の養護をつかさどるとは、児童生徒の心身の健康の保持増進に関わる教育を行うことであり、養護教諭の職務を現しています。養護教諭の職務は幅広くまた深い人間教育です。今日関わりの中で様々な気づきがあり、教育活動において専門職としての養護教諭の発言が求められています。保健室は多数の健康情報が把握でき集合してくる場所でもあります。それぞれの役割を専門職とし保健管理していくことが、保健教育の実施

につながるのではないでしょうか。

やってみよう

・身近な友達や先輩と、困りごとを語る会を開いてみましょう。

・解決は経験知も大切にしながら、様々な文献を参考に進めてみましょう。

・力量アップには、研修参加や書籍購入などの自己投資をしてみましょう。

30 第Ⅰ部　実践研究って何をするの？

コラム2　日常の学校生活に研究視点がいっぱい

愛知みずほ大学　後藤多知子

　あるとき、4年生のAさんが後期の卒業研究を履修したいと私に申し出てきました。しかし、肝心なテーマを何にして良いのか分からないと話します。そこで、養護実習で小学校生活を1カ月間過ごしたときの感想を尋ねました。Aさんはしいて言うならば、実習校はトイレ清掃が業者に委託されていて週1回のみ行われていたことに関心したと話しました。私は児童がトイレ清掃に携わっていないことに時代の変遷を感じました。かつて養護教諭として勤務をしていたとき、中学生が素手で便器を磨き上げ、裸足になってデッキブラシで床を磨いていた姿を思い出しました。そのような生徒は模範として学校表彰されていました。近年、感染症対策として、学校における衛生管理と衛生教育の有り様が問われる時代です。トイレ清掃を専門家である業者に委託する選択も理解できます。学校は社会的な存在としてニーズをキャッチし、固定観念にとらわれず、根拠を示し教育活動を見直していく必要があります。学校現場での児童生徒の現状を研究視点で分析していくことが、ますます教員に求められていると感じます。

　思いがけないAさんの情報から、学校トイレの現状を把握し、課題改善のために学校や社会が対応しているかが気になり出しました。日常の学校生活の当たり前の営み故に、研究・改善という視点に立ちにくいと言えます。Aさんの卒業研究テーマは、和式トイレの使用に特に視点をおく調査研究になりました。

　その卒業研究結果は学術集会で発表し、研究論文として学会誌に投稿しました。学会誌に投稿したのは多忙であるAさんの事情もあり卒業研究から7年後でした。新たに近隣地区の新設校のトイレ様式別設置数の調査結果を加えました。研究はデータ数が少なく、結果の一般化には限界がありますが、近年の子どもたちのトイレ使用の現状と課題の一端について示唆できた[1]と感じています。卒論研究は横断的視点で現状を捉え、7年後の研究論文では縦断的な視点も考察に加えました。7年間に学校トイレに対する社会的ニーズが変化しており、考察に反映させました。

　子どもたちのニーズを教育視点で捉え、学校生活や学校環境を改善していくためには、学校生活者の子どもたちの日常をどの場面でも知り、課題を分析できる教員をはじめとした学校関係者の有り様が重要であることを実感しています。

参考文献
1)　後藤多知子、西田麻優香：A小学校における児童のトイレの使用現状に関する
　　一考察─和式トイレの使用に着目して─、東海学校保健研究、41（1）123-133
　　2017

第 II 部

調査研究の基礎

32 第Ⅱ部　調査研究の基礎

第 **3** 章
様々なデータにあたろう

杉原　亨

本章のめあて

・保健に関して様々なデータが存在していることを知る。

・各種データの調べ方や読み方を学ぶ。

・実際に学習（レポート課題など）でデータを活用してみる。

1.　は じ め に

　みなさんは日ごろデータを調べたりしますか？　ほとんどの方は必要もない
のに自らデータを探すことはないと思います。そもそも、データといわれて
も何かピンとこないですよね。ちなみに、京都大学では"研究データ"を「発
表された研究成果の根拠となる研究資料等（文書、数値データ、画像等をい
う）」と定義しています。この定義は少し難しいかもしれませんが、要するに
みなさんがレポートや論文を書くときに必要となるものです。例えば、レポー
トで「不登校の児童や生徒を減少するにはどうしたらよいか」について自分の
意見を述べるときに、まずは児童生徒の不登校の現状を調べる必要があります
よね。レポートは思いつきだけでは良いものになりません。現状を正しく把握
し、課題を指摘したうえで、自分なりの主張をする必要があります。まずは、
自分が取り組まなければならないテーマの現状を把握するために必要なもの、
それを"データ"とみなして取り組んでみましょう。

　本章では、数値データの探索方法や見方を学ぶために、官公庁の統計データ

第3章　様々なデータにあたろう　*33*

を取り上げます。また、補足として、新聞記事の記事検索や、行政の政策文書、その他報告書の事例を紹介します。

2. 全国規模の統計データにあたろう

社会全体で利用される情報基盤を整備するために、統計法（平成19年法律第53号）が定められており、国の行政機関・地方公共団体などが作成する統計を「公的統計」と言います。

その公的統計のなかでも「政府統計（official statistics）」は、よく活用されています。法的な裏づけの基に全国規模で調査を実施しています。そのため、個人や企業が任意で行う調査よりも信頼性が高いと考えられます。

日本の統計が閲覧できる政府統計ポータルサイト（e-Stat）は、「政府統計の総合窓口」として機能しています。このポータルサイトは分野が異なる省庁が独自に調査していた統計関係情報を集約し、誰もが利用しやすいように、統計表ファイル、統計データ、公表予定、新着情報、調査票項目情報、統計分類等の各種統計関係情報を提供しています（図3-1）。

それでは、実際に統計資料を検索し、その見方を学んでいきましょう。今回は養護教諭の仕事にも関連がある「学校保健統計調査」をポータルサイトから検索し、中身を見てみましょう。

まず、トップ画面から「データベースから探す」をクリックしてみましょう（図3-2）。この他にも、統計を探す方法として、「ファイルから探す」「キーワードで探す」「分野から探す」「組織から探す」など、様々な条件で統計データを検索する手段があります。

「データベースから探す」をクリックすると図3-3の検索結果の画面が表示されます。このまま1つずつチェックしていても見つかりますが、画面左側にあります、絞込み機能を活用すれば、さらに見つけやすくなります。ここでは「50音で絞込み（図3-3）」で「学校保健統計調査」を探してみましょう。

「50音で絞込み」で"か行"で検索すると、図3-4の検索画面で「学校保健統計調査」が見つかります。

34 第Ⅱ部 調査研究の基礎

図3-1 政府統計ポータルサイト（e-Stat）トップ画面

図3-2 政府統計ポータルサイト（e-Stat）トップ画面

　続けて、学校保健統計調査の検索画面から「年次統計」をクリックしてみましょう（図3-5）。
　年次統計をクリックすると、いくつかの統計資料（データセット）が一覧になっています。ここでは「年齢別　平均身長・平均体重・平均座高の推移」についての年次ごとでどのように推移しているかを把握するために、「DB（デー

図3-3 「データベースから探す」検索結果の画面

図3-4 「50音で絞込み」検索結果の画面

タベース)」をクリックしてみましょう（図3-6）。

　クリックをすると、横軸に学校種別、縦軸に時間軸（年次）で区切り、男子の平均身長が表示されます（図3-7）。また、右上にあるダウンロードをクリックするとCSVファイルなどで統計結果をダウンロードができます。

36 第Ⅱ部 調査研究の基礎

図 3-5 「学校保健統計調査」検索結果の画面

図 3-6 「年次統計」検索結果の画面

　e-Stat では様々な分野で、統計データを調べることができます。教育関係では「学校基本調査」「学校教員統計調査」、生活全般では「国民生活基礎調査」などがあります。
　本章では基本的な操作方法のみを紹介しました。実際に調べていくうちに、自分に適した検索方法が見つかっていくはずです。このようなデータベースに慣れていくことが大切です。

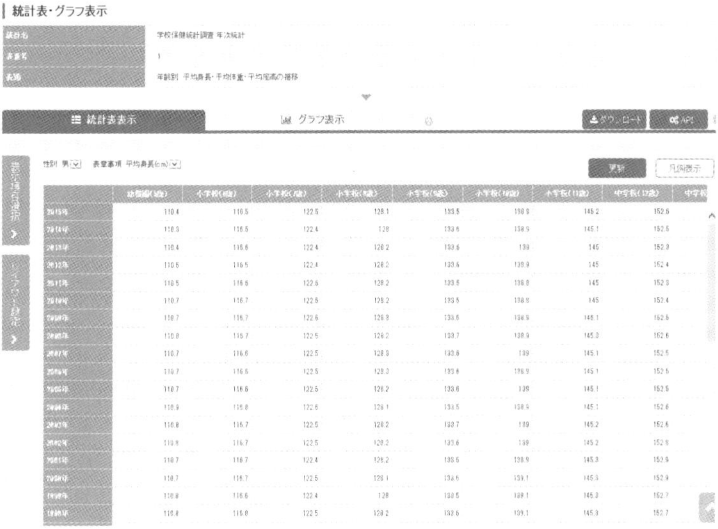

第3章　様々なデータにあたろう　*37*

図 3-7　「統計表表示」の画面

3. 地域別の統計データにあたってみよう

　都道府県や市町村でも各種統計データをとりまとめています。総務省では、都道府県で統計データをとりまとめている統計主管課の一覧（リンク）をホームページで表示しています（図3-8）。

（1）三重県

　三重県では、ホームページで県に関連する統計データに関して「みえDATABOX」で掲載しています（図3-9）。

　ここでは、人口推移や産業や教育など分野ごとの調査結果を示している「統計データライブラリ」、県内の経済情勢や景気動向指数、県民経済計算、産業連関表などの経済関連情報を表している「主要経済指標」、三重県や市町村の現況と推移について、グラフを使って分かりやすく解説した「三重県勢要覧」などを掲載しています。

第Ⅱ部　調査研究の基礎

図3-8　総務省 都道府県統計主管課一覧の画面

図3-9　「みえDATABOX」トップページ画面

第3章　様々なデータにあたろう　*39*

（2）横浜市衛生研究所

　もう1つ事例を紹介します。横浜市では、健康福祉局のなかで衛生研究所という部署があります。研究所では横浜市に関連した健康保健のデータをとりまとめており、その集計結果を掲載しています（図3-10）。保健情報では、平均寿命や健康寿命、年齢調整死亡率などのデータがあり、CSVやPDFファイルでダウンロードもできます。

　ここでは、保健統計データ集から横浜市（および18区別）の男性に関する平均寿命のグラフを見てみましょう（図3-11）。グラフを確認すると一番上にある横浜市全体の男性の平均寿命（平成23年）は80.27歳です。平均寿命が長い区から降順となっており、一番長いのが都筑区で82.49歳、一番短いのが中区で76.41歳です。横浜市全体から右に伸びているのが横浜市全体より長寿の区、横浜市に届いていないのが横浜市全体より平均寿命が短いと捉えてください。このあたりは視覚的に見てわかるくらいで大丈夫です。全体を捉えることが大切です。右側に、一番長い都筑区と一番短い中区のことが囲みつきで補足説明があります。このような補足説明も見逃さずにグラフの理解に役立てて

図 3-10　横浜市衛生研究所 保健統計データ集　ページ画面

40 第Ⅱ部　調査研究の基礎

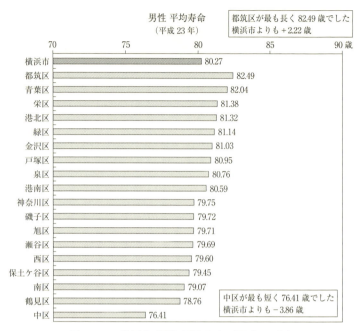

図 3-11　横浜市 男性 平均寿命（平成 23 年）

いきましょう。それでは、なぜ都筑区が長寿で、中区がそうでないのか。これについては、このグラフだけでは判別がつきません。住民の生活状況や医療の環境など複合的な要因であることが予想されます。自分の頭に浮かんだ要因を様々な方法で調べていくことが研究への第一歩になるでしょう。

　皆さんが居住している自治体など、関心がある地域のホームページを検索してみましょう。それぞれの地域で様々な統計データを掲載しているはずです。

4. 新聞記事を調べてみよう

　統計データとは違いますが、自分の興味があることについて、新聞でどのように取り上げられているかを調べるのも良いかもしれません。一番良いのは、図書館に足を運び、所蔵されている過去の新聞記事をあたることです。過去の

新聞は縮刷版として図書館に保管されています。あとはインターネットで調べることも可能です。大手新聞社の多くは有料の記事検索のサービスを実施しています。これらのサービスに関しては、契約している大学や図書館で利用することができます。あるいは、一部の新聞社では会員登録をすれば無料で新聞記事を閲覧することができます。

　一例として、産経新聞（http://www.sankei.com/）では会員登録をしなくても、過去6ヶ月間の記事をキーワード（例えば、「いじめ」「不登校」）で検索することができます。これはパソコンからだけではなく、皆さんがいつも持ち歩いているスマートフォンでも見ることができます。レポートや論文で調べてみたいこと、気になることがあったら、すばやくスマートフォンで記事検索をしてみて、その後さらに深く知るために、大学や所在地の図書館にて複数の新聞で調べてみても良いでしょう。

5. 政策文書を調べてみよう

（1）国がまとめた報告書

　いじめや不登校など、教育に関連する様々な問題に対して、施策を検討し、その一つの手段として有識者を招集して審議会を開催しています。その結果として、報告書などが作成されることも多いです。このような国が作成したものは、該当テーマに関してよく整理されています。また、テーマに関連するデータも別途資料でまとまっていることが多く、レポートや論文でも参考になります。これらは出典が掲載されていますので、さらに深く知りたい場合は、出典先をあたってみてください。

　一例として、文部科学省ではいじめの問題に対する施策についてホームページで公開しています（図3-12）。ここではいじめ防止に関する法案や基本方針、いじめの定義、いじめ、学校安全等に関する総合的な取組方針（図3-13）や事例などが掲載されています。

　また、不登校については、文部科学省は「不登校に関する調査研究協力者会議」を開催しており、検討した結果を報告書（不登校児童生徒への支援に関す

図3-12　文部科学省 いじめの問題に対する施策　トップ画面

る最終報告）としてまとめています（図3-14）。

　不登校については、先ほど政府統計ポータルサイト（e-Stat）でもふれた「学校基本調査」でも取り上げられています。学校基本調査の結果は文部科学省のホームページでも掲載されています。そこには、e-Statのページにリンクしている年次統計だけでなく、年度ごとの結果の概要が載っています。平成27年度の結果に下記のような図表（表3-1、図3-15）が掲載されていました。

　表3-1を見てみると、縦軸が年度、横軸が小学校と中学校での不登校の人数と割合を示していることがわかります。横軸の一番左が小学校と中学校などの合計ですので、この列にまずは着目すれば全体の傾向が明らかになります。不登校の人数を見るだけでも平成3年度と比較して、平成26年度はかなり増加しています。まず桁が違うのですぐに変化が判明できます。具体的な数値としては、平成3年度が66,817人、平成26年度は122,897人で、56,080人も増加しています。その右隣の列の全児童数に占める「不登校」の比率においても平成3年度は0.47、平成26年度は1.21と上昇しています。不登校の列を全体的に俯瞰してみても年々増加しているのが明らかです。

第3章 様々なデータにあたろう　43

| 第1　いじめの問題への対応強化 |

基本的考え方

◆ いじめは決して許されないことであり、その兆候をいち早く把握し、迅速に対応することが必要である。しかしながらいじめは、現実的には、どの学校でもどの子どもにも、起こり得るものである。
◆ 国は、取組方針に基づき、施策の見直し等を行い、関係者と一丸となって以下の取組の改善・充実を図る。
  ◎ いじめの未然防止のため、日頃から、家庭・地域とも連携し、子どもの豊かな人間性を育む。
  ◎ 国としても積極的に役割を果たしていけるよう、いじめの問題に係る国の体制や関わり方を見直す。
  ◎ 各地域においてしっかりと対応できるよう、教職員研修や評価の在り方等、学校現場におけるいじめの問題への認識を深める取組を一層強化するとともに、いじめの問題の解決に向けて外部専門家を活用する取組等を推進する。
  ◎ 「いじめ」は犯罪行為にあたる可能性があるとの認識の下、学校と警察の連携強化を図る。

アクションプラン

| 1. 学校・家庭・地域が一丸となって子どもの生命を守る |
○ 道徳教育やコミュニケーション活動を重視した教育活動、児童会・生徒会における子どもの主体的な取組等の推進
○ 保護者等へのワークショップや学校・家庭・地域の連携協力によるいじめの問題への取組の推進

| 2. 学校・教育委員会等との連携を強化する |
○ 「子ども安全対策支援室」等、国におけるいじめの問題等に対応する体制の強化
○ 国に、「いじめ問題アドバイザー（仮称）」を配置（弁護士、精神科医、元警察官、大学教授等）
○ 電話相談体制（24時間相談ダイヤル）の見直しや全ての児童生徒への確実な周知

| 3. いじめの早期発見と適切な対応を促進する |
○ 教職員への研修等の充実
○ 幅広い外部専門家を活用し、いじめの問題等の解決に向け調整・支援する、各地域での取組の推進
  ・第三者的立場から調整・解決する取組
  ・専門家による「いじめ問題等支援チーム（仮称）」配置
○ スクールカウンセラーやスクールソーシャルワーカー等、幅広い人材を活用した、悩みを相談できる体制等の充実
○ いじめの問題への適切な対応の評価

| 4. 学校と関係機関の連携を促進する |
○ 警察への早期相談・通報の周知徹底や、警察官経験者等の生徒指導推進員の配置による、警察との連携強化
○ 児童相談所や民生・児童委員、民間団体等の協力を得て組織する、サポートチームの活用促進

図3-13　いじめ、学校安全等に関する総合的な取組方針（P2）

図3-14　不登校児童生徒への支援に関する最終報告

44　第Ⅱ部　調査研究の基礎

表3-1　長期欠席者数のうち「不登校」を理由とする児童生徒数の推移
（太線は筆者加筆）

Ⅳ. 長期欠席者数の状況

○　平成26年度間の長期欠席者（30日以上の欠席者）のうち、「不登校」を理由とする児童生徒数は、小学校は2万6千人（前年度より2千人増加）、中学校は9万7千人（前年度より2千人増加）。

（単位：人、％）

区分	合　計			小　学　校			中　学　校			中等教育学校（前期課程）		
	計	うち「不登校」	全児童数に占める「不登校」の比率	計	うち「不登校」	全児童数に占める「不登校」の比率	計	うち「不登校」	全生徒数に占める「不登校」の比率	計	うち「不登校」	全生徒数に占める「不登校」の比率
平成3年度間	168,303	66,817	0.47	65,234	12,645	0.14	103,069	54,172	1.04	…	…	…
4	179,121	72,131	0.52	70,746	13,710	0.15	108,375	58,421	1.16	…	…	…
5	175,603	74,808	0.55	67,517	14,769	0.17	108,086	60,039	1.24	…	…	…
6	183,199	77,449	0.58	70,598	15,786	0.18	112,601	61,663	1.32	…	…	…
7	187,825	81,591	0.63	71,047	16,569	0.20	116,778	65,022	1.44	…	…	…
8	208,443	94,351	0.75	78,096	19,498	0.24	130,347	74,853	1.65	…	…	…
9	223,334	105,466	0.85	81,173	20,765	0.26	142,161	84,701	1.89	…	…	…
10	227,991	127,692	1.06	82,807	26,017	0.34	145,184	101,675	2.32	…	…	…
11	221,179	130,228	1.11	78,428	26,047	0.35	142,750	104,180	2.45	1	1	0.84
12	223,577	134,290	1.17	78,044	26,373	0.36	145,526	107,913	2.63	7	4	0.46
13	225,782	138,733	1.23	77,215	26,511	0.36	148,547	112,211	2.81	20	11	0.82
14	204,143	131,281	1.18	68,099	25,869	0.36	136,013	105,383	2.73	31	29	1.50
15	193,361	126,257	1.15	62,146	24,077	0.33	131,181	102,149	2.73	34	31	1.00
16	187,023	123,398	1.14	59,305	23,318	0.32	127,658	100,040	2.73	60	40	1.02
17	187,713	122,327	1.13	59,053	22,709	0.32	128,596	99,578	2.75	64	40	0.84
18	196,719	126,890	1.18	61,095	23,825	0.33	135,472	102,957	2.86	152	108	1.39
19	199,295	129,255	1.20	60,236	23,927	0.34	138,882	105,197	2.91	177	131	1.37
20	191,692	126,805	1.18	55,674	22,652	0.32	135,804	103,985	2.89	214	168	1.55
21	180,863	122,432	1.15	52,437	22,327	0.32	128,210	99,923	2.78	216	182	1.46
22	177,370	119,891	1.13	52,594	22,463	0.32	124,544	97,255	2.73	232	173	1.19
23	176,673	117,458	1.12	54,340	22,622	0.33	122,053	94,637	2.65	280	199	1.25
24	175,769	112,689	1.09	53,952	21,243	0.31	121,509	91,249	2.57	308	197	1.21
25	181,320	119,617	1.17	55,486	24,175	0.36	125,465	95,181	2.69	369	261	1.60
26	185,051	122,897	1.21	57,862	25,864	0.39	126,850	96,786	2.76	339	247	1.51

　表3-1の数表をグラフにしたのが図3-15になります。このグラフは棒と折れ線が一緒になっていますが、丁寧にみていけば単純なグラフです。まず横軸は年次です。縦軸の左側は不登校の人数を表示しています。その人数を表しているのが棒グラフです。棒グラフの長さと左側の人数の表示を照らし合わせて確認してください。次に縦軸の右側は全児童生徒数に占める「不登校」の比率です。表3-1の数値と一致しています。折れ線グラフに年次ごとに表示されている数値は不登校の比率です。囲みのコメントで児童生徒の何人に対して不登校が存在しているかを補足説明しています（例．36人に1人）。このグラフ

第3章 様々なデータにあたろう　45

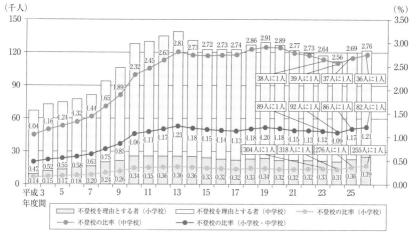

注：中学校には、中等教育学校前期課程を含む。

図3-15　全児童生徒数に占める「不登校」を理由とする者の割合の推移

を全体的に眺めてみると、不登校の人数や割合は平成3年度から平成13年度の10年間に急激に上昇し、そこからは高止まりしていることが読み取れます。グラフにすることで、数表からはわかりにくい全体の傾向が明らかになることもわかりますね。

　さらに深読みをすれば、このような不登校児の増加がとまらないことにより、先に記した「不登校に関する調査研究協力者会議」の開催にもつながっているのかもしれません。

（2）研究所や団体がまとめた報告書

　国以外にも研究所や団体が報告書をまとめている場合もあります。例えば、全国学童保育連絡協議会では、学童保育（放課後児童クラブ）について、実施か所数や入所児童数などの調査を実施しており、その結果をレポートしています。

　いじめ関連では、国立教育政策研究所　生徒指導・進路指導研究センターが2017年3月に、『「学校いじめ防止基本方針」がいじめの未然防止に果たす効

46 第Ⅱ部 調査研究の基礎

果の検証』を作成しています。この報告書では中学校区における、いじめの未
然防止について検証しています。

　また、ベネッセ教育総合研究所では幼児から大学生までの生活や学習状況に
関する全国規模の調査を実施しており、様々な報告書を公開しています。基礎
資料としてレポートに活用できる場合も多いでしょう。上記以外にも様々な機
関が調査を実施しており、報告書などにまとめています。

さ い ご に

　ここまでで、みなさんがやる気になれば、ネット上で多くのことを調べるこ
とが可能なことがわかりましたね。上記のような官公庁や信頼できる研究所や
機関が調べた調査結果はレポートに大いに活用すると良いでしょう。ただし、
ネット上では様々な情報があります。なかには嘘やでたらめなことをあたかも
正しいものとして掲載している場合があります。そのため誰が、どのような組
織が発信しているか情報源を必ず確認してください。例えば、ウィキペディア
（Wikipedia）は、幅広い情報が掲載されています。趣味で閲覧するには良い
ですが、レポートや論文の出典にするのにはふさわしくありません。以上のよ
うなことに気をつけて、自分の関心のあるデータを検索してみてください。

やってみよう

・保健で関心があること（テーマ）について、各種データで調べてみよう。

・調べた結果を簡潔にまとめて、自分の考えを書いてみよう。

コラム3	情報教育

名古屋市公立小学校　　森　慶恵

子どもたちを取り巻く健康情報の現状と課題

　知識基盤社会に生きる子どもたちは、真偽不明の多様な、そして膨大な量の健康情報にさらされています。多くの子どもがスマートフォンやタブレットを使用して情報を得られるようになった一方、その中には誤った情報が含まれていることも少なくありません。誤った健康情報による心身の健康への悪影響として、危険な十代の性行動や痩身願望、薬物乱用なども問題となってきています。子どもたちが21世紀を健やかに生きていくためには、それらの健康情報を批判的に吟味して、判断、選択する力である健康情報リテラシーが必要です。

健康情報リテラシーを育む保健教育における情報教育

　WHOはヘルスリテラシーを、「認知や社会生活上のスキルを意味し、良好な健康の増進・維持に必要な情報にアクセスし、理解して利用するための個人の意欲や能力」と定義しています。健康情報リテラシーは、健康に関する情報を批判的に分析し、その情報を適切に利用するためのスキルであり、ヘルスリテラシーの中心と言えます。文部科学省も「次期学習指導要領等に向けたこれまでの審議のまとめ」(2016) で、今後、中学校保健分野で育成すべき能力を、「自他の健康課題を発見する力、健康情報を収集し、批判的に吟味する力、健康情報や知識を活用して多様な解決方法を考える力」と明記しており、健康情報を判断・選択する健康情報リテラシーを育成する重要性はますます高まっています。

　健康情報リテラシーを育む情報教育のためには、健康情報の信頼性を判断する視点を明確にし、「健康情報の見方・考え方」として子どもたちに教育する必要があります。そして、その「健康情報の見方・考え方」をもとに健康情報を分析し、批判的に吟味する学習活動を体験させることが、健康情報の判断力育成につながります。健康情報を批判的に吟味する具体的な方法として「いつの情報か」「なんのために書かれたか」「書いた人はだれか」「根拠は何か」「違う情報と比べたか」を示し、健康情報を分析させます。また、その健康情報にはバイアスや前提が隠れていないか、情報を支える根拠には信頼性があるか等、科学的根拠を基に情報を検討させる学習活動を取り入れる工夫も必要です。保健学習を始め様々な保健教育の機会をいかして、健康情報リテラシー教育に取り組みたいものです。

養護教諭自身の健康情報リテラシーの必要性

　健康情報リテラシー育成の情報教育を進めるためには、共感性をもって互いの意見を受け止め、安心して健康情報を批判的に吟味する活動ができる学びの空間を創ることが大切です。そして、何より指導者である養護教諭自身が健康情報を鵜呑みにせず、科学的根拠と批判的思考をもって、健康教育を進める姿勢をもつことが必要となるでしょう。

第4章

文献・資料を読もう

石川　拓次

本章のめあて

・あなたが読みたい論文を探す方法が理解できる。

・論文の読み方がわかる。

・読んだ論文を友達や同僚（他の学校の養護教諭）に説明することができる。

は じ め に

　日頃の業務の中で興味のあることがみつかり、その調査や実験をしたいと思ったら、次に行うことがあります。これは、これまでに他の人が行ってきたことを調べることです。多くの場合、その調査したことや実験したことの結果は「論文」という形でまとめられています。論文を読むと、知りたいことについてたくさんの情報を得ることができます。例えば、あなたが疑問に思ったことと同じことをもうすでに考えていて、調査や実験をし、結果が出ていることもあるでしょう。その時には、その結果や著者の考え（考察といいます。後ほど詳しく）をしっかりと読み、その結果や考察があなたの考えていたこと（仮説）と一緒であるかを確かめてみましょう。その結果が同じであれば、その考えは大きく間違っていないということが言えます。そこからアイデアが生まれたり、新たに調査したいことが出てきたりすることもあります。もし、結果が違っていても大丈夫です。その時は、なぜ違っていたのか、その論文を読むことによってたくさんのヒントが得られることでしょう。

第4章　文献・資料を読もう　*49*

　論文を読むためには、知りたいことが書いてある論文を探し、読んでみなく
てはいけません。本章では論文の探し方、そして、読み方について学んでいき
ましょう。

1.　図書館に行こう

　論文を調べる前に図書館の話をしましょう。みなさんは地元の公立の図書館
を利用しますか？　学生の頃、定期試験や受験の時に勉強をするために利用し
たり、子どもと一緒に絵本を借りにきたり、もしかしたら、図書館で行ってい
るイベントに参加したことがある方もいらっしゃるかもしれません。

　最近の図書館は、「知の拠点」として様々なサービスを実施しているところ
も多くなってきました。文部科学省では、社会教育の一環として図書館の振興
を積極的に促しています。平成 20 年には、教育基本法の改正を踏まえ、社会
教育行政の体制の整備等を図るため、図書館法を改正し、図書館の運営、司書
等の資格要件等に関する規定を整備しています。また、平成 24 年には、図書
館の設置及び運営上の望ましい基準（平成 24 年 12 月 19 日文部科学省告示第
172 号）を改正し、使用しやすい環境を整えつつあります。さらに平成 26 年
3 月には「図書館実践事例集　〜人・まち・社会を育む情報拠点を目指して〜」
を刊行し、様々な図書館サービスの事例を、「連携」「様々な利用者へのサービ
ス」「課題解決支援」「まちづくり」「建築・空間づくり」「電子図書館」「その他」
の区分にわけて紹介をしています。一般的に図書館というと書籍や資料が閲覧
できたり、借りることができるのはもちろんですが、その他にも様々なサービ
スが行われています（取り組みの詳細はコラムをご覧ください）。

　さらに、近年では、高校や大学などの教育機関の附属図書館も大きく様変わ
りしています。学校の授業は、質的変換を迫られている中で、主体的・対話的
で深い学び（いわゆるアクティブラーニング）を実現が推奨されています。ア
クティブラーニングを実現するために、図書館は、そこで得られる情報を知識
に変換し、その知識を使用することによって様々なことを想像し、その想像か
ら新たなものを創造する空間（ラーニングコモンズ）に生まれ変わっていま

50　第Ⅱ部　調査研究の基礎

す。表4-1 にラーニングコモンズを取り入れた教育機関の図書館を紹介してい
ます。あなたの地域にある教育機関の図書館も大きな変貌を遂げているかもし
れません。一度訪れてみましょう（それぞれの教育機関の図書館では一般の方
の利用についての規約があるところもありますので、行かれる方は一度問い合
わせて頂くことをお勧めします）。

表 4-1　教育機関の附属図書館でのラーニングコモンズ

施設名	特徴	一般利用
京都大学附属図書館	グループワークやディスカッション、プレゼンテーションの練習等をすることのできるスペースを設置。図書館主催のミニ講習会も実施している。大学院生スタッフが図書館の利用方法や学習に関する相談にのる	可（一部制限あり）
千葉大学アカデミック・リンク・センター	快適な『学習空間』と、学習に役立つ書籍や電子情報などの『コンテンツ（資料群）』、そして、資料の利用や学習を支える専任の教職員や学生スタッフなどの『人材』を近づけることにより、能動的な学習を促進し、考える学生を育成する。これら3つのエッセンスをつなげることで、学生のあらゆる学習スタイルに対応する環境の構築を目指す。	附属図書館の利用は可（登録料 350 円）アカデミック・リンク・センターは見学可（要事前連絡）
兵庫教育大学附属図書館	自由に出入ができ、自由に学習活動を行うことができる場所。対話やプレゼンテーションといった「声」によるコミュニケーションも可能となっている。「ピアラーニング」、「アクティブラーニング」、「オープンラーニング」の3つのコンセプトにより運営。	可（一部施設利用不可）
鈴鹿享栄学園情報メディアセンター	高等学校、中等教育学校に附属する情報メディアセンター。「アクティブラーニング」を促す交流型の導線空間とすることで、日常的なラーニングコモンズを実現できる仕掛けがされている。	可（登録料 500 円）16 歳以上

2. 文献を検索しよう

（1）文献を検索するには？

　読みたいことが書いてある論文を探すためにはいくつかの方法があります。最近は非常に便利な世の中になり、たくさんのものの中から何かを探すということについてはインターネットを使うことによってとても簡単にできるようになりました。論文もこのインターネットを使って検索することが主流となっています。

　論文を調べるためにはいくつか代表的なサイトがあります。その代表的なサイトを紹介してきましょう（表4-2）。

表4-2　文献検索サイトとその特徴

検索サイト	特徴	有料・無料
J-stage	科学技術に関する文献の検索を主に行うことが可能	無料
CiNii	国内の論文、図書、博士論文等の学術情報を検索することが可能	無料 （一部有料※）
医中誌	国内の医学、歯学、薬学、看護学等医療に関連した文献の検索が可能	有料

※フルテキストのダウンロードを行う場合に一部有料のものがあります。

1）　国立研究開発法人科学技術振興機構（Japan Science and Techology Agency：JST）「科学技術情報発信・流通総合システム」（J-STAGE）：国立研究開発法人科学技術振興機構が運営する日本国内の科学技術情報関係の電子ジャーナル発行を支援するシステムです。ここで電子化されたファイルは様々な検索サイトを経由して世界中にリンクされ広まっていきます。

2）　国立情報科学研究所学術情報ナビゲーター（CiNii：サイニィ）：国立情報科学所（National Institute of Informatics：Nii）が運営する図書・雑誌、研究論文や博士論文などの学術情報が検索できるデータベース・サー

52 第Ⅱ部 調査研究の基礎

ビスです。CiNii には 3 つのカテゴリーがあります。

① 「CiNii Books ─ 大学図書館の本をさがす」：全国の大学図書館等が所蔵する本（書籍・雑誌）の情報を書籍名、著者、そして内容から検索できます。近隣の大学等の図書館に探している書籍や雑誌がないかを確認するのに大変便利です。大学の附属図書館によっては、専門書だけではなく、一般の書籍も蔵書しているところも多くありますので、読みたい書籍や雑誌がある場合には利用してみるのもよいでしょう。探している書籍が見つかった時には、図書館を一般に開放している大学もありますので、利用方法等を問い合わせてみましょう。

② 「CiNii Articles ─ 日本の論文をさがす」：学協会刊行物・大学研究紀要・国立国会図書館の雑誌記事索引データベースなどの学術論文情報を検索できます。こちらの詳細な検索方法については後で詳しく説明します。

③ 「CiNii Dissertations ─ 日本の博士論文をさがす」：国内の大学および独立行政法人大学評価・学位授与機構が授与した博士論文（博士号を取得するために提出する学位論文）の情報を検索できます。

3) 医中誌 Web：医学中央雑誌刊行会が作成する国内医学論文情報検索サービス「医中誌 Web」の個人版です。その名の通り、日本国内の医学・歯学・薬学・看護学および関連雑誌 6,000 誌に掲載されている論文約 1,000 万件から検索をすることができます。大学、企業、研究所などの法人が契約する法人版と個人で契約する個人版があります。個人版（パーソナル Web）は、月の使用時間のカテゴリー（8 時間以内、20 時間以内）によって料金が設定されています。

（2）論文を検索してみよう

では、次に具体的に文献の検索の方法について説明していきましょう。あなたもインターネットで何かを調べた経験はあるでしょう。インターネットの検索ページ（例えば、Google、MSN、Yahoo！JAPAN など）を利用して調べるときには、キーワードを使って検索しますね。

先ほど紹介した論文の検索サイトも同じようにキーワードを使って検索を

することができます。これをキーワード検索と言います。ここでは、A中学校の養護教諭を例にして、キーワード検索を実際に行ってみましょう。

「私は、A市の中学校の養護教諭をしています。勤めている学校は部活動が盛んで、多くの生徒が様々な運動系部活動で練習に励んでいます。その反面、部活動で起こる運動器の疾患も多く、生徒や顧問の先生からの相談もあり、養護教諭として対応に困っています。できれば、運動器疾患を予防して、発生を少なくしたいと考えています」。

この文からA先生が知りたいことや調べたいことをまとめると以下のように3つの短文が考えられます。
　・学校におけるスポーツ傷害の発生状況
　・運動系部活動によるスポーツ傷害の予防
　・養護教諭と運動系部活動の関係

この短文の中の「スポーツ傷害」「発生状況」「運動系部活動」「予防」「養護教諭」という語句がキーワードということになります。

そして、このキーワードを論文検索サイトで検索して、それに関係する文献を見つけていきます。

それでは、先ほど紹介しましたCiNii（http://ci.nii.ac.jp/）でキーワード検索をしてみましょう。

CiNii Articlesのホームページを開くと、図のページが開かれます。フリーワードの箇所にキーワードである「スポーツ傷害」を入力します。また、「すべて」と「本文あり」から「本文あり」を選択し、検索をクリックします。

54　第Ⅱ部　調査研究の基礎

図　が検索結果の表示画面です。この画面を説明しましょう。
① 　検索ワードの入力欄
② 　検索結果　今回の検索では、「スポーツ傷害」のキーワードで464件見つかったということです。
③ 　ページ数
④ 　表示数や出版年の新旧などの表示方式の変更ができます。
⑤ 　検索された論文の論題名と著者、収録雑誌名、巻数、号数、ページ数、発行年

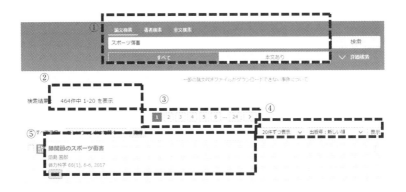

　検索はできましたが、その結果、464件もの大量の文献がみつかりました。ここから、他の条件を入れることによってさらにA先生が知りたい文献にたどり着くよう検索数を絞っていくことにしましょう。まず、運動器（筋肉や骨など運動に関わりのある器官）のスポーツ傷害の発生率について知りたいということなので、検索結果の画面の①に「運動器」というキーワードを追加して検索をすることにします。

第4章　文献・資料を読もう　55

絞り込み検索をしたところ、32件まで絞り込むことができました。

このようにあなたが調べたいことを絞っていき、読みたいと思える論文を検索していきます。

(3) 研究論文をダウンロードしよう

　この中には無料で論文をダウンロードして読むことができるものもあります。近年多くの大学などの研究・教育機関で機関リポジトリを開設しています。機関リポジトリとは、研究機関の知的財産物（研究雑誌に掲載されている論文や学位論文、紀要、テキスト等）をデータベース化して保存し、一般に公開するために設置しているホームページです。ここでは鈴鹿大学の機関リポジトリから論文のダウンロードをしてみましょう。

　検索サイトを使って「鈴鹿大学・鈴鹿大学短期大学部学術機関リポジトリ（以下、鈴鹿大学学術機関リポジトリ）」を検索します。

56　第Ⅱ部　調査研究の基礎

　ここをクリックすると『鈴鹿大学学術機関リポジトリ』のホームページが開きます。

　ここでもキーワードの検索が可能ですので、試しに「養護教諭」というキーワードを入れて論文を検索してみましょう。

　「検索」をクリックすると、「養護教諭」をキーワードにしている研究論文が出てきます。今回の検索では、36件検索することができました。

この中から読みたい論文の論題名をクリックしてみましょう。クリックすると下の様な画面がでてきます。そこにはキーワードや著者、抄録に至るまでその研究論文の情報が掲載されています。抄録を読み、さらに読んでみたいと思ったら、枠で囲った箇所をクリックすることによりその研究論文のPDFファイルをダウンロードすることができます。機関リポジトリは国内のみならず海外でも多くの研究機関が開設しています。学術機関リポジトリ構築連携支援事業ホームページ（https://www.nii.ac.jp/irp/）にはリポジトリを開設している国内外の大学および研究機関の一覧表が掲載されています。海外の研究論文も比較的簡単に入手することも可能ですので、一度試してみましょう。

インデックス

Language: 日本語
インデックスツリー

紀要 ▶ 短期大学 (部) 紀要 ▶ Vol.36～ 鉄鹿大学短期大学部紀要 AA12740629 ▶ Vol.37

Permalink : http://id.nii.ac.jp/1446/00002428/

アクティブラーニングによる看護技術の習得を目指して ／ 養護教諭養成課程における小先生制度の授業自己評価から

利用統計を見る

File / Name	License
アクティブラーニングによる看護技術の習得を目指して/PDF アクティブラーニングによる看護技術の習得を目指して/PDF (1.12MB) [24 downloads]	

| タイトル(英) | The Acquisition of Nursing Technique through Active Learning: From the class self-evaluation of the guide study system in the Yogo-Teacher course |
| アイテムタイプ | 紀要論文 / Departmental Bulletin Paper |

タイトル(英)	The Acquisition of Nursing Technique through Active Learning: From the class self-evaluation of the guide study system in the Yogo-Teacher course
アイテムタイプ	紀要論文 / Departmental Bulletin Paper
言語	日本語
キーワード	養護教諭養成課程, 看護学実習, 小先生制度, アクティブラーニング, 授業自己評価
キーワード(英)	the Yogo-Teacher course, nursing science training, the allotment class system, active learning, class self-evaluation
著者	小川 真由子 ／ オガワ マユコ 引田 郁美 ／ ヒキタ イクミ
著者 (英)	Ogawa Mayuko Hikita Ikumi
抄録 (日)	健康問題の多様化や社会背景の変化に伴って養護教諭に求められる看護能力が高まる中で、養成教育課程における看護学の授業の質を上げることが必須となっている。大学教育における教育方法の改革が進められる中で、本学ではアクティブラーニングによる授業形態によって看護技術の習得を目指している。そこで本稿では、2016年度前期に行った「看護学実習Ⅰ」における小先生制度の授業において、リフレクションシートの授業自己評価をまとめ、自由記載の分析から考察を加え検討することで、今後の養護教諭養成課程における看護学実習のあり方についての検討を目的とした。アクティブラーニングを実質化する「7つの原則」に沿って考察した結果、その効果を上げるための学生個々の学習を促進する働きかけの重要さが明らかとなった。授業への十分な準備ができたグループの担当学生は自己評価が高く、個々においてうまく知識や技術を落とし込めていない学生は自己評価が低い結果として表れていた。それらに加えてグループでの役割分担や協力する姿勢などが影響していると考えられ、うまくリーダーシップを発揮し共同作業ができたグループの評価が高い結果となっていた。一方、グループ内の学生同士の履修科目状況によっては、お互いの時間を合わせることが難しくなる場合や、他の科目における課題などによって時間を割くことが難しくなることなどが問題点としてあげられた。今後の課題として、この授業における絶対的な評

PDF ファイル

アクティブラーニングによる看護技術の習得を目指して
—養護教諭養成課程における小先生制度の授業自己評価から—

小川　真由子・引田　郁美

要旨

　健康問題の多様化や社会背景の変化に伴って養護教諭に求められる看護能力が高まる中で、養成教育課程における看護学の授業の質を上げることが必須となっている。大学教育における教育方法の改革が進められる中で、本学ではアクティブラーニングによる授業形態によって看護技術の習得を目指している。そこで本稿では、2016年度前期に行った「看護学実習Ⅰ」における小先生制度の授業において、リフレクションシートの授業自己評価をまとめ、自由記載

第4章 文献・資料を読もう　*59*

3. 論文・資料を読んでみよう

（1） 研究論文を分解してみる

　興味のある論文や資料を探すことができたら、その論文や資料を読んでみましょう。まずは、難しいことは考えないで、興味があるテーマの研究論文を読んでみましょう。

　論文はある程度決まった形があります（表4-3）。研究論文は一見わかりにくいことが書いてあると思われがちですが、形式を知ってしまうと書いてあることもわかりやすくなります。論文を分解してきながら読み進めていきましょう。

1） 論題名（タイトル）

　論題名は、その論文の顔というべきものです。「文献を調べる」の節で論文の調べ方について説明をしましたが、CiNii などで論文を検索し、最初に出てくるのはこの論題名です。論題名をみれば、その論文にどんなことが書かれて

表4-3　論文の体裁

項　目	特　徴
論題名（タイトル）	論文の顔というべきもの
要約（要旨）	論文に書かれている内容を短い文章でまとめたもの
キーワード	タイトルを補うための言葉
緒言（はじめに）	調査や研究を行った動機
目的	この調査や研究で明らかにしたいこと
方法	目的を達成するために、この調査や研究をどのような方法で行ったのか？
結果	採用した方法から得られた結果を記載する
考察	この調査や研究の目的にあわせて、得られた結果から、筆者の考えを述べる
結語	目的の回答となるもの
引用文献	論文を作成するために引用した他の文献（論文、本等）
abstract	英語で書かれた要約

いるかを想像することができるでしょう。

2) 要旨（要約）

要旨は、長い論文を短い文章でまとめたものです。この要旨には、論文の目的、方法、結果、結語等がまとめて記載されています。もし、論文を全部読む時間がない場合には、この要旨を一通り読むことによって論文に書いている大まかなことはわかります。

3) キーワード

キーワードは、この論文で重要となる言葉のことです。あえて論題名には入っていない語句をキーワードにすることで、論題名を補うという役割もあります。

4) 緒言・目的

本文の最初は、「緒言」といいます。もっと簡単に「はじめに」ということもあります。「緒言（はじめに）」には、研究を行った動機が書かれています。つまり、あるテーマについて客観的な意見をまとめていくことにより、著者の調査したいテーマに至る過程までを記述していきます。客観的な意見とは、省庁や審議会の答申や他の研究者が行った研究調査の結果や考察です。その意見を踏まえて、この論文で明らかにしたいことが論理的に記述されていきます。次に書かれているのが「目的」です。目的は、この研究で明らかにしたいことが書かれています。「目的」は、「緒言」の最後に書かれていることもあります。

5) 方 法

「方法」には、「目的」を達成するために行った調査や実験の対象や研究や調査の方法が記述されています。研究の方法にはいくつかの種類があります（詳しくは第1章で）。多くの研究はそれらのいずれかの方法を使用しています。また、対象や実験および調査方法の他にも、調査期間、統計的な有意差を検定した方法等も記述されます。

6) 結 果

「結果」は実験や調査した項目の結果が図表等を用いて記載してあります。この結果は、次の考察を進めていくうえで非常に重要なものですが、目的を充

分に検証するために様々な方面から結果を記載してあります。

7) 考　察

　結果を受けて、次に記載されているのが「考察」です。考察は研究論文においては最も大切な箇所となります。得られた結果と先行研究から筆者が考えることを論理的に記述してあります。つまり、「考察」には著者がこの研究論文で読み手に伝えたいことが記述されています。

8) 結語・まとめ

　「結語」は先にでてきた「目的」の答えということになります。つまり、その研究で明らかにしたい「目的」とその研究で明らかにした「結語（まとめ）」が一貫していることが研究論文としての必須条件となります。

　ここまでが研究論文の本文となります。その後に脚注（本文中に書ききれない説明）や引用した文献がその研究雑誌の執筆要領に記載されている方法にあわせて掲載されています。さらに、外国語（主に英語であり、abstract という）で書かれた要約が最後に掲載されています。つまり、研究論文は国内に留まらず、世界へ向けて発信されているということになります。

（2）論文を読もう

　論文の体裁が少しわかってきたら、興味のある論文をたくさん読んでみましょう。つまり、興味のあるテーマの論文はなんでも読んでみるということです。これを「乱読」と言います。「乱読」することによってそのテーマについての研究の動向を掴むことができます。論文の中にはよくわからないと思うものもあるでしょう。現在の段階ではわからなくても良いので、たくさんの論文に触れることが大切です。しかし、体裁が一通り理解できたと言っても、1つの研究論文を読むとなるとある程度のまとまった時間は必要になってきます。仕事をしているとその時間をつくるのも大変なことです。和文で記述されている研究論文でしたら、それほど時間をかけなくても読むことは可能でしょう。しかし、欧文の論文を読むときにはそれなりの時間が必要になります。そんな時は、論文のすべてを読む必要はありません。研究論文には目的に合わせた読み方があります。ここでは、目的別の読み方について紹介します。

1) 論文の大まかな内容を知る

その論文の大まかなことを知りたいときは論題名と要約を読みましょう。さきほども言いましたが、論題名は、その論文の顔です。人と会ったとき、第一印象の決めるのは顔ですよね。論文も同じで顔である論題名を読んで、この論文に書いてあることを想像してみましょう。そこである程度内容を想像できる論文は良い論文ということができます。そして、要約にはその論文に書いてあることが凝縮されています。要約を読むことによって、その論文の目的、対象、方法、結果、そして結論の大筋を知ることができます。日々の仕事に追われていてあまりこのようなことをする時間がない方は、とりあえず論題名と要約をじっくり読んでみましょう。

2) 結果について考える

要約を読んで論文の大まかなことを知ることができたら、次に結果の中の図表を見てみましょう。図表にはその説明が一緒に添えられていることもあります。その説明を読みながら、図表を見て、この研究で得られた結果を理解していきましょう。

3) 著者の伝えたいことを知る

著者がどのようなことに問題提議し、考察したかは、緒言（特に最後の段落）と考察、結語を読むことによって知ることができます。要約を読み結果の図表をみてから、もう少しこの研究について理解を深めたいと思ったら、緒言、特に最後の段落（ここに研究の目的が書いてあることが多いです）と、考察を読んでみましょう。そこで研究に至った背景、問題提議を理解し、そして、著者がこの研究の結果から考察し、得た結論について考えを深めましょう。

4) 残りの文章を読む

そして、あと残った文章は、方法と結果ということになります。この箇所は、その論文をより深く知るために読む箇所となります。すなわち、誰を対象に、どんな方法で研究を行い、どんな結果が得られたのか。この詳細を知ることができます。「乱読」の段階ではこの箇所は読まなくても論文の理解はできるかと思います。次に述べる「精読」でこれらの箇所は読むようにしていってもよいでしょう。

第4章　文献・資料を読もう　*63*

5）引用文献・参考文献の読み方

　論文には必ずその論文を書くために引用したり、参考にしたりした論文や著書の一覧表を載せる決まりがあります。記載の方法にはいくつかの種類があり、学会の雑誌や大学の紀要ごとに決められています。研究したいテーマの論文の探し方として、論文の引用文献から探すという方法があります。興味があるテーマを扱った論文ですからそのテーマに即したものが引用文献としてたくさん使用されています。その中には、あるテーマについてあなたが予想している結果と同じことを述べているものもありますし、反対にまったく異なったことを述べているものもあります。その異なった意見の中からまた新たな研究テーマが見つかることもよくあることです。ですから、そのテーマについて新たな論文を探す時にはこちらの引用文献の一覧を読んでみることもお勧めします。

4．文献を吟味しよう

（1）論文を熟読しよう

　たくさんの研究論文を読めるようになったら、論文の形式にも慣れてきて、あなたが知りたかったことについての情報や知識はかなり得られたことでしょう。そうなったら次の段階へ進みましょう。次の段階は、研究論文を熟読（吟味）するということです。

　他の人に論文の説明をすることがこの節での目標になりますから、説明をするための準備をする必要があります。そのために一編の研究論文を丁寧に隅から隅まで読んでいくことが必要になります。まとめる方法としては、様々ありますが、次ページの右図に示したような研究論文要約用紙を用いてまとめるとわかりやすいでしょう。

　まず、論題名、著者、所属（大学名、研究所名等）を書きます。論文に慣れてくると同じテーマで様々な研究を行っている個人やグループをみつけるでしょう。興味あるテーマで研究を行っている個人やグループを知っておくと、後で他の論文を探すときに便利です。次の欄には、要約をコピーして貼り付

64　第Ⅱ部　調査研究の基礎

けます。そして、緒言、特に目的に至るまでの過程を中心にまとめていきます。方法では、研究・調査方法の種類3、対象、検定方法等についてまとめます。研究調査の種類や検定方法については、それぞれ説明ができるように準備しておきましょう。次に結果です。結果は、図表を中心にまとめていきます。そして、考察です。考察には、筆者の考えが書かれているわけですから、他の論文と読み比べながら、そして、不明な点や疑問に感じた点をまとめていきましょう。一通りまとめたら、その論文を読んでみてわからなかったこと（例えば、語句、研究方法、統計手法など）を調べてみましょう。調べてみるとことにより、さらにその論文への理解が深まっていきます。

研 究 論 文 ま と め		
	名前	
論題名		
筆者 (所属)		
抄録 (abstract)		
方法	研究の種類	
	対象	
	研究方法	
	検定方法	
結果		
考察		
不明点 疑問点		

図　研究論文要約用紙

（2）抄読会をしよう

　論文を熟読し、論文シートが増えてきたら、論文を読む力は確実に上がり、あなたが知りたかったことについての情報や知識はまとめられてきたことでしょう。そのまとめた情報や知識をさらに深くあなたのものにするために、まとめた論文の内容については他の人にどんどん教えてみましょう。また、その説明を聴いてわからないことを質問してもらいましょう。教え、質問を受けることによって自分が理解できていないところがわかったり、その論文を深く理解することができます。さらにそれを複数で行うとより効果的です。

大学の研究室では、所属する教員や大学院生が順番に最新の研究論文の紹介や討議を行う「抄読会」が開かれているところがあります。『抄読』という言葉は辞書には載っていないのですが、『抄』という漢字の意味には、抜き書きするということがあります。つまり、論文に書いてあることを抜き出し、その抜き出したものを読んでいくということなのでしょう。つまり、その分野に関する最新の論文を皆で読み、討議する（時には批判する）ことによって新たな知識を得ていきます。

ですから、皆さんも仲間を集め、論文を読みましょう。同じ養護教諭同士でも1つの課題に対してはそれぞれの意見があるものです。論文というツール（道具）を使って、日々の実践を考える機会にしましょう。そして、その仲間の中に違う業種の方（学校でいえば他教科の先生）にも入ってもらえると議論の幅は格段に広がります。いつもとは違った視点が入るということによっていままで曖昧だったものがはっきりしたり、新しい発見があったりするものです。

さ い ご に

本章では、論文検索の方法から論文の読み方、そして最後にはみんなで論文を検討する方法までを紹介してきました。まず1つ興味のある論文を探して、読んでみましょう。そこから実践研究という新たな世界が広がっていきます。論文は、その世界を広げるための鍵となることでしょう。

やってみよう！
・あなたが興味関心のある論文をCiNiiで1つ検索し、読んでみましょう。
・読んだ論文をまとめて、友達や同僚に説明してみましょう。

66　第Ⅱ部　調査研究の基礎

コラム4　大学院の学び

広島文化学園大学　上田ゆかり

　大学院は、大学に設置されている課程で、学部の教育を基盤にし、より高度な学術の理論および応用を研究するところです。大学院は修士課程・博士課程から成り、博士課程は、一貫制のものと区分制のものがあります。そのため、博士課程には、博士前期課程と博士後期課程とする大学院があります。博士前期課程は修士課程と同等とみなしているところも多くあります。修士課程は必要な研究指導を受けた上、大学院が行う修士論文の審査および試験の合格が必要です。博士前期課程は論文の提出を課さない大学院もありますが、大半が修士課程と同様に修士論文の審査および試験の合格が必要です。博士後期課程は、大学院の行う博士論文の審査および試験の合格が必要です。

　では、「大学」での学びと「大学院」での学びの違いはどういったところでしょうか。大学（学部）までは、どちらかと言うと与えられた知識を消化し吸収することが中心であったのに対し、大学院では自分で課題意識を持って研究のテーマを捜します。研究によりその課題の原因を突き止め、課題策を主体的に構築します。博士課程では、専攻分野について研究者として自立した研究活動を行います。高度の研究能力や豊かな学識を養うことを目的とし、修士課程よりもさらに深い学びを求められます。そのため、研究への強い思いとやり遂げる強い意志が必要です。キャリアアップのために大学院に進む人もいますが、それだけでは、修士論文や博士論文を最後まで書き上げるのは難しいかもしれません。

　大学卒業後、大学院に進む場合、いったん、何らかの職業に就きその中から研究課題を見つけて大学院に進む場合もあります。大学院には、昼間制、夜間制、通信制といった履修形態があります。昼間制大学院は、研究に費やす時間が確保され研究を進める上で望ましいと言えますが、普段の生活費、学費やテキストの購入、学校までの交通費などの出費が必要です。夜間制や通信制の大学院の場合は、働きながら通えるため費用面での心配は軽くなりますが、研究のための時間の確保には、職場や家族の理解と協力が不可欠です。他に職場の派遣型の研修制度を利用して、職場に籍を置きながら1年は集中して大学院で講義や研究指導を受け、2年目から働きながら必要な研究を進める場合もあります。この制度を利用する場合は、時間の確保と経済的な不安は軽減され理想的ですが、期間が決められており、その期間に成果を上げなければなりません。研究を最後までやり遂げるためには、ライフワークバランスが大切ですので、自分の将来設計やライフスタイルに合った履修形態を選ぶことが大切です。

　また、同時期に大学院で学ぶ人たちはライバルでもありますが、同志でもあり

第4章　文献・資料を読もう　*67*

ます。励まし合うだけでなく、それぞれの研究内容についてディスカッションを
する中で研究のヒントを得たり、指導教員は教えないようなちょっとした論文作
成のマナーを教えあったりと得るものが多くあります。是非、仲間との交流の時
間も大切にしてください。

　課題意識が芽生えた時が大学院で学ぶチャンスです。自分に合った学びのスタ
イルで研究を深めてみませんか。

第5章

事例検討から始まる調査研究

永石　喜代子

本章のめあて

・先行研究から事例検討、事例研究の方法を理解する。

・日々の養護実践をふりかえり、気になることの整理がわかる。

・仲間が集まり、事例を持ち寄り事例検討の学びがわかる。

は じ め に

　初めて「事例検討」「調査研究」と言われても、さて、何をどう取り組んだらよいのか戸惑います。その理由に「現場は研究どころじゃないです」「どのように取り組んだらよいか分からないです」「まだ、研究できる立場ではないです」などと敬遠されがちです。その一方、このような環境のなかでも、すばらしい研究を重ね、日々、研鑽を積み重ねた養護教諭の事例検討や事例研究があります。そこで先ずは、「研究をしなければならない」との使命感や義務感にとらわれるのではなく、「事例検討」から始めてはいかがでしょうか？ それには、日々の養護実践を振り返ることと、諸先輩の先行研究を覗き見ることです。検索の仕方は前章で述べられていますので、手軽に見つけることができるでしょう。そのなかで「これ、あるよね…」「この事例検討、私たちでもできるかも…」「この事例、考えてみる価値あり…」など、仲間が集まり関心ごとから話し合ってみましょう。

　本章のテーマ「事例検討から始まる」は、日頃の養護実践からの困りごとや

第5章　事例検討から始まる調査研究　*69*

疑問、気づき、ヒヤリ・ハットなど、だれでも自然に取り組める研究です。それには、日々の養護実践を振り返ってみましょう。日常の養護実践から多くの事例検討のテーマが見えてきます。本章は、養護教諭仲間や職場関係仲間で「ちょっと、このテーマで事例検討してみましょう！」と、少しでも思っていただきたいという願いを綴った章です。

1.　事例検討とは何なのでしょう？

（1）　事例検討と事例研究、調査研究との違いは？

　事例検討とは「ある事例、事象をとりあげ、その原因、解決方法などについて参加者全員で考えます。実践を目的とした検討」です。「事例検討」は看護学分野、心理学分野、社会福祉学分野、介護福祉学分野、学校教育学の校内事例検討など幅広く使われている研究方法の一つです。

　一方、事例研究は「1つ以上の事例を通して、そこから他の事例にも普遍化できる一般的法則性を見いだす研究です。法則を見いだす際には、できるだけ客観的であり主観を排除することが必要となる」と言われています。また「ある特定の個人、家族、グループ、地域などの一単位を多角的、集中的に分析検討する研究方法」とも言われています。調査研究とは「多数の対象集団に、主に質問用紙を用いて調査を実施し、その結果収集されたデータを統計的に分析して、対象集団の一般的傾向を明らかにする研究法です。

　まずは、事例検討や事例研究に関する先行研究を検索してみましょう。

（2）　先行研究をひも解いてみましょう

　事例検討を行うには、日々の養護実践をふりかえり、研究課題をみつけることが必要です。そのためには日頃から、疑問や課題と思われることや、関心をもったことに関連する研究文献に親しんでおくとよいでしょう。親しむことは無理でも、先行研究を覗きみることで養護実践の疑問や課題についての解決策や研究成果を知ることができます。また、事例検討のテーマが漠然としている場合は、先行研究をひも解いてみると、自分が研究したいこと、明らかにした

70 第Ⅱ部 調査研究の基礎

いことが見えてくるでしょう。その一部を表5-1に示しました。諸先輩の先行研究は日常の養護実践から専門性を追求した研究が多く、感動さえ覚えます。大きく分けると、①一人ひとりの子どもに真剣にかかわり分析し、養護教諭の役割や連携を明らかにした事例研究、②救急対応の事例検討やワークショップ

表5-1 事例検討、事例研究に関する先行研究

No.	著者名	論文タイトル	雑誌名	出版年
1	強力さとみ	学校不適応生徒の事例分析による「連携プロセス」における養護教諭の関わり	日本養護教諭教育学会誌	2017
2	大野泰子	今日の食物アレルギー対応と学校/エピペントレーナー講習による救急対応の向上	鈴鹿短期大学紀要	2015
3	箱木委公子	養護教諭が実施する校内事例検討会のあり方 ― 教員の支え合う意識に着目して ―	和歌山県教育センター学びの丘研修員報告書	2014
4	萩津真理子 他	日々の救急処置を省察することで得られた養護の視点 第2報:プロセスレコードによる中学校事例の検討 ―	学校救急看護研究	2014
5	尾崎博美	救急処置事例検討から学んだこと ― ワークショップ ―	学校救急看護研究	2013
6	関口瑞恵	校内支援を支えるための養護教諭支援チームづくり ― 市内養護教諭部会でのケース会議を通して ―	神奈川県立総合教育センター長期研究員研究報告	2011
7	砂村京子 他	養護教諭が行う救急処置に関する事例検討のあり方 ― 本学会での取り組みを検証する ―	学校救急看護研究	2009
8	鈴木みゆき 他	小学校における救急体制を整備・充実させるための校内研修のあり方 ― 職員研修を段階的に実施した小学校の事例検討から ―	学校救急看護研究	2009
9	塩田瑠美 他	養護教諭がヒヤリ・ハットした事例 ― 学会員へのアンケート調査より ―	学校救急看護研究	2008

をまとめた中からの学びを研究としたもの、③校内研修からの学校組織システムや「学校組織」として養護教諭の専門性を追求したもの、④ヒヤリ・ハットの事例を分析したものなどがあります。このように事例検討から始まり、事例研究や調査研究へと展開させたものなど貴重な多くの論文があります。一例を上記に掲載しましたので、ぜひ読んでみてください。

2. 事例検討の意義

（1） 看護学で提唱する自立・成長のための「事例検討」

　看護学の事例検討は、外口玉子が1960年代から「事例を持ち寄ってグループ討議を行う学習方法」を展開し、看護師の自立・成長を願い、看護実践者として事例検討を提唱しています。長谷川雅美（2006）はプロセスレコードを活用して、事例の一場面を再構成しながら事例を分析しています。川島みどり（2006）はヒヤリ・ハット体験を明らかにし、それを事故防止や看護技術を検討する研究へとすすめています。看護研究ではケーススタディー（事例研究）として、看護の見直しや看護技術向上のために、一つの事例（ケース）を検証していくことを大切にしています。

（2） 学校における事例検討の意義

　学校で学ぶ児童生徒は、今様々な課題を抱え、様々な問題を持ち込み、学校内外で様々な事態や現象を引き起こしています。特に、緊急時の初期対応の適正化は、子どもの命や後遺障害が残るかどうかに大きな影響をあたえます。養護教諭が自らの体験を教材として実施する事例検討は、参加者が事例を追体験し、実際には体験していない事例を「経験知」として共有することができます。さらに、役割分担してロールプレイ、またはシミュレーションを事例検討に加えることで、臨場感のある救急処置や応急場面を参加者で共有し、有効なイメージトレーニングになっています。また、養護教諭同士の検討会だけではなく、学内研修を職員全体で実施し、教職員の連携の在り方や、その学校特有の課題を明らかにすることで、より実践的な問題解決につなぐことができ

ます。養護教諭の実践は学校教育の中で自然な関わりとして実施されているの
で、疑問や課題として気づきにくいともいえます。だからこそ、実践そのもの
を研究することの専門職としての意義が大きいのです。次はテーマ探しです。

3. 事例検討のテーマ探し

テーマは自分の問題、養護実践の課題です。初めての研究では「研究テーマ
がなかなか見つからない」と悩みます。研究テーマや問題をどのように見つけ
るかは、人によって様々です。その背景を探っていくと、結局はその人自身の
普段の興味・関心に行き着くと言われます。特に本章のテーマである事例検討
は、日常の普段の養護実践から湧き上がってくるという意味で、研究と実践が

表5-2 事例検討のテーマ

救急救命のための事例（学校救急看護研究より）	
1	死戦期呼吸を呼吸有と判断した事例　救急車を呼ぶことができなかった事例
2	過呼吸の集団発生による救急搬送事例　集団での熱中症発生事例
3	アナフィラキシーショックをおこした事例　エピペンが打てなかった事例
4	給食時にパンをのどに詰まらせた事例　プールに飛び込み死亡した事例
学校の生活・認知・行動からの事例（事例集より）	
5	リストカットをするC君への支援事例　心のケアを必要とする事例
6	友人からどう思われるか気になる児童の事例
学生生活適応（いじめ・暴力など）	
7	いじめの初期対応がうまくいかず問題がこじれた事例
8	いじめを受けた生徒への養護教諭を中心とする初期対応事例
社会性・人間関係	
9	友人とのトラブルで登校できなくなった生徒への対応事例
養護判断・養護診断（ヒヤリ・ハットより）	
10	打撲と判断し帰宅させ、帰宅後の受診で骨折と診断された事例
11	階段から落下し、頭部を打撲したが、重篤と判断できなかった事例
12	腹部打撲を風邪と判断した事例（風邪がはやっていたので）
13	鼻出血の止血にとらわれ、鼻骨骨折をしていたのに圧迫した事例

しっかりと結びついているのです。「研究は無理…」と思っている方でも、「養護実践活動は無理…」とは言えないでしょう。養護教諭は専門職として、日々子どもに向き合い悩みなら、養護実践を行っているのです。研究が完成した暁には、その研究成果をどのように研究現場に還元すればよいかが明解になってきます。そうなると、ちょっとした達成感です。苦労した分、それは何ものにも代え難い研究の喜びです。

　事例検討のテーマは、誰もが遭遇する事例から、ほとんど出会わない特殊な事例まで幅広いテーマがあります。救急処置や保健室での対応、心と身体の観察など、特別な支援を必要とする児童への関わり、食物アレルギーや熱中症、突然死、自然災害など幅広くみられます。さらに、事故防止につながる養護教諭の日々の実践を見直す視点からは、ヒヤリ・ハット事例の分析などのテーマが選ばれています。テーマの一部を表5-2に示しましたが、養護教諭が「おや？」と思ったことが検討テーマになるのです。

4. 事例検討の方法・進め方

　テーマが決まれば事例検討の方法、進め方をみてみましょう。
　事例検討の方法にはいろいろあります。事例提供の仕方や討論の方法には、ハーバード法、インシデント・プロセス法、ロールプレイング法、バズ・セッション法、KJ法などがあります。

（1）事例検討の方法の種類
1）インシデント・プロセス法による事例検討
　インシデント・プロセス法とは、実際に起きた出来事（インシデント）をもとに参加者は出来事と、その背景にある事実を収集しながら問題解決していきます。この方法はマサチューセッツ工科大学のビゴース教授が、従来のヒストリカル・スタディ方式が煩雑なので、ケース研究をもっと一般化すること、現実場面で応用でき役に立つことを狙いとして開発した事例検討法です。

2）ロールプレイング法による事例検討

事実の事例を主にロールプレイによって行います。一人が対象者（子ども）、他のメンバーが援助者（教員）や観察者になることで、実際の場面を想定してロールプレイを行います。

3）KJ法による事例検討

事例と提出理由が説明された後、問題点と解決に必要な事項、ニーズや特定された問題と思われるものをカードに書きだします。類似したカードをグルーピングして内容をまとめます。模造紙またはホワイトボードシートにカードを配置しグルーピングの関係性の性質を表現します。ホワイトボードに参加者の発言を記録し、重要な点にラインを引き、まとめていく方法もあります。

（2）事例検討の計画

どのような方法であっても、参加者や事例検討の内容を考慮して、やりやすい方法をとるのが良いでしょう。それには事例検討の計画が必要です。事例検討の進行には参加者が対等・平等の立場で、自由な意見発表ができるように配慮することが大切です。発言者の偏りや発言しにくい雰囲気にしないよう、司会者や時にはファシリテーターをつけて進行の効率化を図ることもあります。最後のまとめでは①事例から何を学んだか　②事例検討で事例提供者が気づいたこと、学んだこと、確認したことなどを教訓や成果として発表します。どのような事例検討を行うかは、対象、内容、目的によって進め方も変わってきます。以下はその基本手順です。

1）事例検討の進め方

① 役割とやり方の確認（1分）

② 事例（インシデント）の提示（5分）

③ 質問による情報収集（10分）

④ 個人ワーク（実施方法、対策などを箇条書きで付箋に記入する。）

⑤ 対応の検討：付箋1枚に1つの対策を記入し、模造紙またはホワイトボードシートに貼り付ける。似たものの付箋を貼り付けグルーピングして、簡単なタイトルを考える。

⑥　まとめ　発表は事例から学んだことと、事例提供者へのお礼を伝える。
　このような計画をスムーズに進行させるのは、役割分担が必要です。

２）進め方の役割分担

①　事例提供者：インシデントを提供する。検討する内容を簡潔に紹介する。
②　司会者：会を進行する。意見を出しやすいように働きかける。
③　記録者：発言と支援方法案を記録する。タイムキーパーを兼ねる。
④　参加者：積極的に質問をして事例のイメージを自分で作る。

３）事例検討のまとめ方

　事例検討をまとめる方法はいくつかあります。各班の協議事項を全体発表する場面を設定します。まとめ方やプレゼンテーションの方法は各班でユニークなものとなるよう事前に説明します。各班からは協議内容のまとめ発表と意見交換が行われます。

４）ロールプレイやシミュレーションを導入する。

　救急処置場面や校内研修の事例検討では、ロールプレイやシミュレーションを行います。ロールプレイでは、子ども役、担任役、養護教諭役となり救急処置場面が再現されます。シミュレーションでは実際に校内で行動して、連携や判断の確認のため実際に動いてみての反省や課題について話し合います。

5. 具体事例の提案

　事例検討での事例提案は、いろいろな方法で出されます。1つは、自然災害や他校で発生した事例、事故、TV・報道された事例などをテーマにした事例検討です。「もし、そこに自分が関わっていたら、どうしますか？」という内容で提案されます。もう1つは、その事例に直接関った人からの事例提案です。あるいは学校内での事故や課題、問題を事例として提案して検討することです。当事者としては勇気のいることですが、より実践的な学びとなります。事例検討で注意しなければならないことは、事例を慎重に扱うことです。事例に登場する人々の「プライバシー」「匿名性と守秘義務」「公正な取り扱いを受ける権利」など人権に対して十分な配慮です。必要であれば論旨に影響をあた

えない範囲で修正を加え、事例が特定できないような配慮も必要です。

（1）テレビ報道された事例

　事例検討の事例としてテレビやインターネットで情報提供された事例を提供します。養護教諭にとっては、かなりショックな事例です。事例検討では、わが身に起こっていたならば「どうする？」「どのように動くか？」のシミュレーションを加えながら、全国的に話題となり研修会等で検討されている事例です。ぜひ、仲間で検討してみてください。

1）事例　・命の記録 MOVIE（ASUKA モデル）（大阪ライフサポート協会　2014）

（死戦期呼吸を呼吸有りと判断し、心肺蘇生および AED 装置が遅れた事例）

・2011 年 9 月 29 日 16：04 頃
・小学校 6 年生の明日香さんが、駅伝の課外練習中に倒れる。
・現場で指導していた教師は 死戦期呼吸（ゆっくりあえぐような呼吸）を
　心臓が止まっているとは思わず心肺蘇生および AED 装着を行わなかった。
・16：15　到着した救急隊が心肺停止であることを確認する。
　心肺蘇生開始
・16：37　救急隊から医師に引き継ぐ。
・2011 年 9 月 30 日 21：48　死亡が確認される。

対応の検証

①　死戦期呼吸を呼吸ありと判断。頸動脈での脈ありと教職員が判断し救急隊に報告したため、心肺蘇生（CPR）、AED の対応がなされなかった。明日香さんは保健室に運ばれて、AED が保健室にありながら使われていなかった。

②　「死戦期呼吸」は「普段どおりの呼吸」ではない、直ちに心肺蘇生（CPR）が必要であった。しかし、その判断は行われなかった。

２）事例　食物アレルギー　調布市小学５年生　女性

（調布市立学校児童死亡事故調査結果報告書　2013）

（エピペンを打つ判断ができず死亡した事例）

2012 年 12 月 20 日

12：50 前頃　Ｓさんがチジミのお代わりを希望したので、担任は母親からＳ
　　　　さんに渡された「チェック表」を確認後、大丈夫と判断し配食した。

13：22 頃　担任に気持ちが悪いと訴え、自分で喘息の薬剤を吸入。
　　　　　　　　　エピペン打たず（Ｓさんが拒否したため）

13：24 頃　担任は、顔が紅潮し呼吸が苦しそうで、いつもよりつらそうで
　　　　あったため、Ｄ君に養護教諭を呼ぶよう指示。

13：28 頃　教室に来た養護教諭が担任へ救急車要請を指示。

13：31 頃　Ｓさんが「トイレに行きたい」と言ったが立てない状態のため、
　　　　養護教諭が背負ってトイレに連れて行った。
　　　　便器に座らせて声をかけたが、返事はなく、顔面蒼白。

13：35 頃　校長が現場に到着、呼吸している様子がなく、顔面蒼白。

13：36　校長がエピペン注射する。AED 使用するも「通電の必要なし」胸
　　　　骨圧迫継続（担任がエピペンを打とうかと声をかけてから 14 分が経過し
　　　　ていた）。

13：40 頃　救急車到着。

13：45 頃　校長は救急隊員から「心肺停止」との内容を聞く。

対応の検証

① 　エピペンを打つ判断、救急車要請の判断、AED などの応急処置の判断
　　ができなかった。

② 　多くの人が右往左往したが、担任からの報告もなく、連携、協力体制が
　　不十分であった。

③ 　エピペンを打つ判断、ショック状態時の対応など、毎年１回は実施して
　　いた学習会が活かされなかった。

（2） 事例からの学び

1） 1事例：ASUKA モデルの事例より

　この悲惨な明日香さんの事例を検討していく中で、二度とこのような事故が起こらないように全国的に ASUKA モデルによって研修が行われ、検証結果より日本蘇生協議会が作成した JRC（Japan Resuscitation Council）蘇生ガイドライ 2015 は大きく変更されました。その一つとして「死戦期呼吸の判断に自信がない場合は心停止と判断する」となり、迷った時にも直ちに心肺蘇生法（CPR）を行うことになったのです。また「呼吸あり」と通報者が判断しても、通報を受けた救急隊員は「どのような呼吸なのか」「どのような状態なのか」を確認することが追加されました。さらに通報者は通報の電話を切らずに、救急隊員が到着するまでの対応について、通信指令員の指示をそのまま受けることができるシステム「通信指令員の役割」が追加されたことです。さらに、ガイドライン 2015 には「ファストエイドの項目」が新たに 7 章として加わりました。明日香さんの事例から、いかに最初の判断と対応が重要であるかが大きな学びとなっています。養護教諭にとって緊急時の判断と対応については、繰り返しシミュレーションを導入した事例検討を行いましょう。二度と起こしてはいけない事例であり、尊い命を無くしたという事実は決して忘れてはいけない事例です。

2） 2事例：食物アレルギーの事例より

　この事例検討からは、初期対応とエピペンを打つ判断がいかに重要かということが大きな学びとなっています。この事例の課題は、「なぜ、エピペンが打てなかったのか」「これまでの研修が、なぜ活かされなかったか」です。検証の結果、明らかになったことは、それまでのエピペンを打つだけの研修では、様々な実践場面を想定したプログラムでないためエピペンを打つことができないということでした。そのため、その後の研修内容はエピペンの打ち方だけではなく、打つタイミングや学校内の連携、どのように対応し誰がどう動くかのシミュレーションを導入した実践的な研修に変わってきています。事例検討、事例検証することで事例の課題が明らかとなり、問題解決の一方法が示唆されるのです。これは事例検討、事例研究の大きな成果です。

3）ロールプレイやシミュレーションからの学び

上記の２つの事例は、二度と起こしてはいけない事例です。尊い命が失われたという事実は決して忘れてはならないのです。このようなことが繰り返されないように、事例検討、事例研究を積み重ね研鑽を行いながら、養護教諭の判断力、学校看護能力を高めていくことです。そして学校全体で「救える命は救う！」を信念に子どもたちが、より安全な学校生活が送れるようにすることが重要です。いつも養護教諭は子どもたちの味方であってほしいと思います。そのためには、大きな事例だけではなく学校内にある小さな事例や疑問にも最大の注意を払って、決して見逃さないことが大切です。

しかも、学校で起こる事例検討の有効性を高めるには、机上での検討を重ねるだけではなく、ロールプレイやシミュレーションを導入することです。学校における救急対応、災害時の対応については、どれだけ机上で研修しても、マニュアルを準備してもマニュアルどおりに動けません。実際に校内研修で動いてみることが必要です。実際にシミュレーションしてみると、机上での検討・検証では見えない課題が見えてきます。「エピペンの打ち方は知っているつもり」でも、実際にシミュレーションしてみると、教職員の連携が不十分であったり、エピペンを打つ判断や打ち方さえも戸惑ったりして動けなかったりします。

応急処置が必要な事例では、どんな場合でも急変したら意識の評価と一次救命処置をします。そして救急隊、医師につなぐことです。子どもの命をあずかる学校では、その時の指令塔は誰で、どのように連携して対応するか、机上の事例検討だけでは不十分です。単にマニュアルを提示し印刷物を配付して説明をするだけでは不十分です。学校の教職員全体で、教職員がそれぞれの役割を意識したシミュレーションを行うことから、緊急時のお互いの行動がわかり、どう動き、何をすべきかを検討する貴重な実体験になるのです。

80 第Ⅱ部 調査研究の基礎

6. 事例検討から事例研究や調査研究につなぐ

（1） 事例検討からの教訓・学び

　「事例検討」は自己の既存知識を通して、他者・外界からの知識を出し合いながら、新しい知識体系を構築することに目的があります。養護教諭は学校安全対策とし、周りに起こっている事故や救急処置に関心を持ち、積極的に事例検討を行うことです。事例を検討し「どうしてあの時に救急車を呼ばなかったの？」「病院に連れて行かなかったの？」「どうしてエピペンが打てなかったの？」「なぜ、一人で帰宅させたの？」などと多くの疑問点や要因が検討されます。事故当事者の心痛は厳しいものがあります。しかし、尊い命が失われた事実からは逃げられません。二度と起こさないためにも「もし本学で起こったらどうする？」と想定して事例検討する必要があります。そして、養護教諭の事例検討の積み重ねが一つの結果や方法を示唆することになり事例研究へとつながるのです。

　子どもたちの命を預かる学校において、養護教諭の役割は重大です。教職員が事例検討を重ね校内の体制を充実・整備することにより、実際に事故が発生したとき迅速に動く確率が高まるでしょう。子どもの命と安全を守ろうとする養護教諭に対する安心や信頼にもつながります。養護教諭が日常の保健室での対応から、また、他の事例から検討することの価値は高く、その事柄を重ねることで、新たな試みや既存の救急体制をより良いものに作りかえることができます。養護教諭が日頃の養護実践をふりかえり、事例検討を繰り返していくことからの学びが大きいことを強調したいのです。さらに養護教諭の自立や専門性を発揮するためにも、事例検討から事例研究へ、調査研究へと進めていきましょう。

（2） 事例検討から事例研究につなぐ

　教育現場の養護教諭が行う研究は、教育実践の中から出発し研究成果を教育実践の場に戻し、教育改善のために活用するものです。養護教諭の実践研究に

事例検討および事例研究を取り入れた「事例検討会」を、随時または定期的に実施し養護教諭の実践研究につなぐことが重要です。事例研究は児童・生徒理解、災害対策や安全対策、健康の保持増進、学校相談活動など養護教諭の専門性の自立と資質向上に効果的と言えます。

　事例検討はさらに研究的視点を養い、実践能力をより向上させるでしょう。事例検討から事例研究につなぎましょう。

　それには次の2つが大切です。1つは「学校」「組織」で取り組むことが大切です。もう1つはヒヤリ・ハットした事例を見逃さないことです。

1）「学校チーム」「事例検討・組織体制・連携」

　養護教諭が事例検討を行い問題解決に取り組むには、学校内の教職員やスクールカウンセラー、スクールソーシャルワーカーなどとの組織協力で事例を共有し助言者を加えた事例検討が望まれます。また、養護教諭同士の横のつながりを大事にした事例検討の積み重ねが研究への扉を開くのです。特に初めての事例検討は、職場の仲間や同僚の協力体制が重要です。

　筆者も長年、事例検討や研究に取り組んだ経験から、先輩や同僚の多くの人々からの支援や指導を受けてきました。特に筆者の初めての事例検討（ケース・スタディ）は「長期入院患者の課題をめぐって ― 退院後の訪問看護のなかから ―」と題して、看護雑誌の「看護展望」(1978) に掲載されました。それは18年間という長期入院患者の「退院したい」との言葉を、新人である一看護師（当時27歳）からの「なぜ、退院できないのか？　退院できる方法はないのか？」との素朴な疑問が始まりでした。その疑問に医師、ソーシャルワーカー、看護師、地域保健師が医療チームを組んで取り組んだ事例検討でした。チームでの訪問看護を実施した結果、患者の望みであった社会復帰を叶えた一事例です。当然のことですが一人の新人看護師には解決できない問題を、医療チームで取り組むことで、入院から18年目に患者の新たな扉が拓いたという体験でした。

2）ヒヤリ・ハットした事例を見逃さない

　もう1つは、大きな事故や死亡事故についつい目が行ってしまい、小さなヒヤリ・ハット事例を見逃してしまう危険性です。養護教諭の日々の実践におい

て、実際にヒヤリ・ハットした出来事に体験することがあります。この小さな「ヒヤリ」が大きな事故に発展するのを防ぐことです。実際に体験したヒヤリ・ハット事例を見逃さないことです。「観察・問診・触診の不足」「思い込みからくる判断の間違い」「校内体制の不備」など事故につながる諸要因を共有認識する必要があります。ヒヤリ・ハット事例を事例検討として取りあげていくことが重要です。

ま と め

子どもが学校管理下で遭遇する危険は、取りあげればきりがないほどです。子どもが登校から下校するまでに、けがや疾病、いじめ、虐待、災害、貧困、など子どもの心身に及ぼす危険は多く、教育現場の養護教諭は心休まる時はないのです。

さらに近年では児童虐待事例の急増、その裏には経済的に厳しい状況におかれた家庭の増加といった、子どもを取り巻く環境が社会問題となっています。家庭の形態が多様化している中で、社会的に孤立し不安や悩みをどこにも相談することができない家庭があると考えられます。経済不安や育児負担などの生活上のストレスや地域社会からの孤立といった様々な要因により、子どもの虐待はどの家庭でも起こりえます。そのことに敏感に気づき早期発見、早期対処するためにも、事例検討が重要であると考えます。いじめや自殺についても、子どもからの SOS を見逃さないためにも、日頃の子どもとの関わりを大切にし「おや？」と気づいたことから、子どもの命を救うことにもつながると思います。養護教諭が事例検討する役割は大きいのです。

また事例検討や事例研究には、東日本大災害後被災地からの研究課題も多く出されています。災害時の対応についても被害事例が明らかになればなるほど、その対応について検討しておく必要に迫られています。

このように養護教諭は、社会の情報にも関心を高く持ち、一人ひとりの子どもの安全、健康、成長へのサポートが重要です。いわゆる養護教諭は、具体的な事例をもとに検討・研究する「実践的研究者・省察的実践家」であるという

ことです。

やってみよう！

・今気になること、明らかにしたいこと、心配なこと、困りごとを話し合ってみましょう。

・本章で紹介した方法で"事例検討"から始めてみましょう。

84 第Ⅱ部 調査研究の基礎

| コラム 5 | アレルギー |

うめもとこどもクリニック　梅本正和

食物アレルギーによるアナフィラキシー児童の理解と対応

✧ 事例（小学生）：離乳食でパンを摂取したとき、全身の蕁麻疹が出現した。検査では、鶏卵、牛乳、小麦の食物アレルギーが疑われた。その後、誤食などでアナフィラキシー（呼吸器症状、皮膚症状など複数臓器のアレルギー症状が出現すること）のエピソードもみられていた。学校へは給食の代わりに弁当を持参していた。不測の事態でアナフィラキシーが誘発される可能性があるため、アドレナリン自己注射（エピペン Ⓡ）も携行していた。実際、給食中に友人のタルタルソースが眼に入り、蕁麻疹が出現し呼吸困難も伴ったことがある。そのときはエピペン Ⓡ を接種し、その後クリニックに搬送されたことで無事に回復した。

✧ 背景：2012 年、東京都調布市で、乳製品にアレルギーをもつ小学生が、チーズ入りのチヂミを誤食し、アナフィラキシーショックで死亡した事例がある。2016 年には、文部科学省より「学校給食における食物アレルギー対応指針」が公開されている。重症児の場合、医療機関や消防などの多職種連携も重要である。アナフィラキシーが疑われた場合、するべきことは 3 つである。①大声で人手を集め、救急車を呼ぶ　②横にさせ、症状に応じた体位をとる。特に「吐きたい」と自分でトイレに行こうとする場合でも、歩かせず寝かせておく。③アナフィラキシーが疑われる症状がみられたら速やかにアドレナリン自己注射を接種する。

✧ アドレナリン自己注射薬

重篤なアナフィラキシーショック状態に対して、30 分以内にアドレナリンを投与することが生死を分ける。救急車は、覚知から現場到着までに平均 8 分かかり、緊急時には学校でのアドレナリン自己注射使用の有無が意味を持つ。投与のタイミングは、東京都の「食物アレルギー緊急時対応マニュアル」や、小児アレルギー学会の「アドレナリン自己注射の使用を考慮する症状」などを参考にするとよい。学校において、緊急の場合に居合わせた者が注射することへの見解としては「善意の第三者が非営利目的にアドレナリン自己注射を接種することは反復継続する意図がなく、医師法違反には当たらない」となっているので必要だと判断した場合には速やかに使用できるよう、日頃から使用方法を習熟しておく。

✧ 学校給食における食物アレルギーの大原則

➢ 食物アレルギーを有する児童生徒にも、給食を提供する。安全性を最優先とする。

> ➤ 食物アレルギー対応委員会等により組織的に行う。
> ➤ 医師の診断による「学校生活管理指導表」の提出を必須とする。
> ➤ 安全性確保のため、原因食物の完全除去対応（提供するかしないか）を原則とする。
> ➤ 学校および調理場の施設設備、人員等を鑑み、無理な（過度に複雑な）対応は行わない。
> ➤ 教育委員会等は食物アレルギー対応について一定の方針を示すとともに、各学校の取組を支援する。
> ✧ まとめ：アナフィラキシー児童の安全確保は、「連携＝リエゾン」がキーワードとなる。

第Ⅲ部

実際に調査研究をしてみよう

88　第Ⅲ部　実際に調査研究をしてみよう

第6章

数量的研究について

川又　俊則

本章のめあて

・記述統計と推測統計など数量的研究に不可欠な用語の意味がわかる

・Excel の分析ツール、エクセル統計などを用いた分析がわかる

・数量的研究の論文を読むことができる

はじめに ― 記述統計と推測統計 ―

　本章では、統計学の基礎用語およびそれらを使った実際のデータの分析について学びます。「数字で説明する」のが数量的研究です。本章で扱う質問紙調査（用語集参照）の基本です。数値を理論的に説明するため、統計学で用いられる検定なども扱います。

　養護教諭にとって数字はごく身近な存在です。健康診断をはじめ、出欠席の記録、来室データなど、保健室の日常で扱っている数値、学校内で目にする統計も多数あるでしょう。これらの読み方やグラフ・表などの作成に自信のある人は、本章でそのおさらいをしましょう。逆に、数値や数字に苦手意識を持ち、調査方法もよくわからないという人にとって、その不安解消のお手伝いとなる章を目指しています。

　そもそも、統計は対象の特性に関するデータを実験・調査・検査・観察等で集めることです。理論や仮説を主張するための証拠（エビデンス、1章・用語集参照）を示すもとになるデータです。実験結果や質問紙調査で得られたデー

タから理論・仮説の正否を判断するときに、研究者による直感的判断では説得力がありません。研究が科学的であるためには、客観性を確保することが前提となります。統計分析は「変数同士の関係を数値で示すこと」です。その変数を見いだすためにも質問紙調査が重要となります。このあたりは、拙著『数字にだまされない生活統計』第Ⅱ部でも詳しく説明しました。本章は、現職養護教諭や養護教諭志望学生などが質問紙調査をするための基礎の基礎を述べます。

　最初に、統計自体、大きく2種類に分けて説明されることを確認しておきましょう。それは、記述統計と推測統計です。

　記述統計は、データ全体の概要を「記述」する方法です。学校基本調査や国勢調査などは全数（悉皆）調査なので、結果は該当するすべてを示します。ある中学校で実施された全校生徒対象の調査で、2学年の特性を見いだすときなどでも用います。大量のデータを整理し、分析するこの方法では、得られたデータを、度数分布表、クロス集計表、ヒストグラム等の図表や、代表値、標準偏差、相関係数等の指標を用いて表現します（それぞれの意味は表6-1参

表6-1　統計用語（一部）の説明

用語	英語表記	説明
クロス集計表	cross table	二変量の度数分布表。関係の有無を判断。
相関係数	correlation coefficient	相関の強さを表す指標。−1から1で、絶対値が1に近い方が高い
代表値	measure of central tendency	データの分布状況を示す統計量を代表する値。平均値・中央値など
度数分布	frequency distribution	度数は各階級に属する個数。データの散らばりを頻度（度数）で表したもの
ヒストグラム	histogram	度数分布表を棒グラフで表したもの。一番高い棒が最頻値
標準偏差	standard deviation	データの散らばりの大きさを表す指標。大きいほどデータが散らばっている
標本	sample	対象すべてではなく一部を取り出して調査し、その取り出されたもののこと
分散	variance	平均を中心にデータの散らばりを示すもの
母集団	population	調査対象となる全体のこと

90　第Ⅲ部　実際に調査研究をしてみよう

照)。データの持つ情報を効率的に記述するのは、データ分析の基本です。

　推測統計とは、対象とする集団（母集団）の一部（標本）を測定し、その結果（統計量）から、集団全体（母数）の特性を推測する方法です。典型例がテレビ等の視聴率調査、世論調査や内閣支持率調査等です。私たちが普段、見聞きしている多く調査結果がこれに該当します。得られたデータから条件差の有無等で研究者共通の判断基準を設けて、データ解釈の主観性を抑えます。統計的検定を行い、統計ソフトを用いることで様々な分析を行えます。推測が入るため、若干の誤差があることを了解した上で行っているものです。

1. 仮説検証としての量的調査

（1）　量的調査で必要なこと

　アンケートというフランス語は「専門家に聞く」という意味なので、社会調査を少しでも知っている人は、多数の一般人に同じ質問項目で聞く方法を、アンケートとは呼ばず、「質問紙調査（調査票調査)」と呼びます。質問紙調査では、回答してもらう質問紙に、いかに調査者の仮説を立証する質問を埋め込めるかがポイントです。質問紙調査では、「属性」「行動」「意識」という大きく3つの内容を尋ねることが可能です。仮説を考え、それあわせて質問項目・選択肢を考えますが、たとえば、「学年が上がるにしたがって、歯磨きを丁寧にしなくなるので虫歯が多くなる」という仮説を実証するには、学年という属性と、歯磨きという行動と、齲歯率という結果で判断できるでしょう。

　そのときに大切にしたいことは、リサーチクエスチョン（テーマへのより具体的な問い）です。漠然とした「知りたい」という思いではなく、仮説を立証するためにどうすればよいのか、研究テーマに対して作業仮説を考え、測定する概念を見いだします。それを測定するための質問項目を決定します。そのときに、テーマに迫る具体的な問いを常に考え続けることが重要です。それには、信頼性・妥当性（いずれも用語集参照）を常に考えなければなりません。同一の対象から測定した結果が一貫していること（信頼性）や、測定したいものを正しく測定できているかどうか（妥当性）が不明瞭ならば、調査結果に疑

第6章　数量的研究について　*91*

問を生じてしまうからです。

（2）変　数

　選択肢を考える際、連続変数と離散変数があることを理解しておきましょう。前者は量的変数（数値データ）、後者は質的変数（カテゴリカルデータ）と呼ぶこともあります。また後者は「順序づけ可能」「順序づけ不可能」と区分できます。

　連続変数は、身長や体重、時間、偏差値、気温など、学校で多く見られる統計データが該当します。離散変数は、順序づけ可能なものとしては、年代や売上ランキングなど、番号で区分したときにその数字の大小・順番に意味があります。しかし、たとえば売り上げ1位と2位の違いは2倍などではないものです。また順序づけ不可能なものとして、性別、郵便番号など区分自体に意味があり、そこにあてる数字自体には意味を持たないものがあります。

　これらを「比率」「間隔」「順序」「名義」と4つの尺度という観点で説明している社会調査のテキストもあります。本節でも用います。

（3）サンプルサイズと予備調査

　どんな調査研究であっても、費用と時間は必要ですから、それを考慮して開始する必要があります。全数調査ではなくサンプリング（標本）調査をする場合、サンプルサイズ（標本数）や調査人数も重要な観点です。一般的な世論調査は数千人規模で行われていますし、標本誤差を考え、1000、400などのサンプル数も計算できます。実数で100未満であれば、イエス・ノーの回答が1つ違うだけで1％以上の差が出てしまいます。「数値で示す」ことが量的調査の基本なので、ごくわずかの実数差が割合を大きく変動させるような実数で議論すべきでないのは自明でしょう。

　いったん作成した後、回答者が答えにくい質問文や、誤解を与えるような選択肢がないかどうか確認しましょう。それをするのが予備調査（プリテスト）です。必ず実施しましょう。質問紙を作る側は、すべての質問文の背景についてわかりすぎるほどわかっています。しかし、初めて質問文を読んだ回答者が、

92 第Ⅲ部　実際に調査研究をしてみよう

作成者の意図を直ちに十分くみ取って回答できるとは限りません。むしろ理解
できないと思うべきです。その観点から、事前にチェックし、より丁寧に表現
すべき箇所など修正すべき点を見つけます。この作業を怠ると、実際に調査し
た後で、想定外の回答が続出したり、作成時に考えつかなかった思わぬハプニ
ングが発生して、調査後の分析に支障をきたすこともあります。

　質問の分量は、概ね、開始から終了まで15 〜 30分程度を推奨します。そ
の場合、質問項目は20 〜 30問程度に集約されるでしょうか。作成・検討の
時点では質問項目はたくさん準備して構いませんが、調査目的と仮説との関連
で重要なものを残し、統合や削除もして完成させます。質問紙の枚数も少ない
方がよく、A4判の両面印刷で、文字も見やすさを考え、フォント、大きさを
決めるとよいでしょう。

（4）調査の流れ

　以上説明してきた質問紙調査の流れは、次のようにまとめられます。

テーマ検討・決定　→　方法検討・決定　→　対象検討・決定　→　質問紙作成
→　プリテストの実施　→　修正　→　本調査　→　補充調査　→　分析
→　報告書等の作成　→　次の調査の準備

図 6-1　質問紙調査の流れ

2.　質問紙調査のすすめ方

（1）質問項目・選択肢の作成と倫理的配慮

　先述の通り、あるテーマで質問紙調査をすることに決まったら、仮説を見い
だし、それに合わせた質問項目・質問文を作成します。その基本「短くて簡潔
な文章」を目指します。あいまいな表現にしない、二重の意味を避ける、回答
を誘導しないなども基本的要件でしょう。

　質問項目の選択肢も、単一（一つだけを選ぶ）なのか複数（いくつかを選
ぶ）かを考えます。単一選択か複数選択かで分析方法は変わります。それも視

野にいれないといけません。選択肢は「相互排他的で網羅的に」作成することが肝要です。

　自由回答という形で直接記述する方法もありますが、探索的・予備的調査でないのにこれを多用すると、結果の処理に困ることになるでしょう。質問紙調査による分析とは、選択肢での回答（数値による分析）を志向したわけですから、ほとんどを選択肢型の質問で設計すべきでしょう。ある回答をした人のみが答えるという、枝分かれ設問（サブ・クエスチョン）も考えましょう。

　回答のしやすさを考慮すると、簡単に判断できる択一式の設問は、始めの方に、じっくり考えてもらう内容の設問は、やや後の方になどの順序も決まってきます。

　なお、数値上の分析だとしても、貴重な個人情報を扱うわけですから、事前にその了承を得た上で調査を行わねばなりません。研究計画を立て、データの取り扱いや保管に関する決定事項を明示し、研究者の所属研究機関に設置されている倫理審査委員会などの承認を得て、研究が実施されます。研究協力者（本章では質問紙の回答者）に対しては、調査内容を口頭や文書等で十分に説明し、文書による同意（もしくは質問紙の回答送付による同意）を得ること、研究参加の拒否や途中離脱は、研究協力者の不利益とならないことの保証などを、研究する側は必ずしなければなりません（研究倫理については第2章・用語集参照）。

（2）実査（配布と回収）

　調査方法は回答の観点から、面接法・集合法・郵送法・電話法・ウェブ法などに分類されます。時間・費用・対象範囲などを考慮し、適切だと思われる方法を選びます。

　教育現場で児童生徒を対象にする場合、教室や体育館などでの集合法は、これまで広く行われてきました。近年は、ウェブ法も開発・普及されてきています。全国各地の対象に行う場合、郵送法もよく用いられる方法です。本章文末には、郵送法の依頼文例を収録しましたのでご参照ください。

　面接法と集合法は協力者に直接配布し回収します。郵送法は協力者が郵送し

94　第Ⅲ部　実際に調査研究をしてみよう

てくれないと回収できないので一般的に上記の方法で最も回収率は低くなります。そこで、切手を貼った封筒（や料金後払いの封筒）を同封し、依頼状とともに簿謝（シャープペンやプリペイドカードなど）を入れるなどの工夫もあります。電話法は調査する側が記入し、ウェブ法は入力データがそのまま使えますので、調査後のデータ処理では他より手間がいりません。それぞれの特性を考え選択しましょう。

（3）データ入力

　回収したら、質問紙に通し番号を書き（ナンバリング）、全体のチェック（エディティング＝点検）を行います。いたずらやすべて未記入のものもあるかもしれません。回答者が「320歳」や「7.4年生」など記入されていた場合、ミス記入かいたずらかを考え、それらをチェックし、有効回答票となるかどうかを確認します。そして、統計ソフトなどへの入力作業に進みます。

　集計等（調査票の郵送からデータ入力までなども）を調査会社へ依頼する大規模調査もありますが、本書読者の多くは、自らデータ入力をされることもあるでしょう。データ入力時の間違いは、かなり多く見られ、初心者の方は、自

	A	B	C	D	E	F	G	H	I	G	K	L	M	N	O	P	Q	R	S	T	U	V	W	X
1	番号	1-1	1-2	1-3	1-4	1-5	1-6	1-7	1-8	1-9	1-10	1-11	1-12	*	2	3-1	3-2	3-3	4	*	5	*	6	*
2	A001			1						1					2	3	3	3	1		1		1	
3	A002			1				1	1						2	3	3	2	1		1		2	
4	A003				1		1	1	1	1					3	2	2	2	3		1		3	
5	A004			1				1	1	1					2	3	3	3	1		1		2	
6	A005			1						1					2	3	3	3	1		1		2	
7	A006												1	1	2	2	2	2	1		1		1	
8	A007			1	1	1									2	2	3	3	2		1		3	
9	A008			1	1	1	1			1		1			3	3	3	3	1		1		1	
10	A009			1					1	1					4	3	3	3	1		3		4	
11	A010			1			1			1					2	2	3	3	2		1		2	
12	A011			1				1	1		1				2	3	3	3	5	1	1		2	
13	A012			1		1		1	1						2		3	3	1				4	
14	A013								1	1					4	1	2	2	1		1		2	
15	A014			1					1	1					2	3	3	3	1		1		1	
16	A015			1				1	1		1				2	3	3	3	1		1		2	
17	A016	1	1	1											2	2	2	2	1		1		1	

図6-2　Excel への入力例

第 6 章　数量的研究について　*95*

分ひとりの目だけでなく、第三者に原票と入力内容をチェックしてもらってください（ダブルチェック）。入力イメージ図は図6-2の通りです。一行目の＊は、自由記述欄にコメントがあったことを示し、その内容は別表に記入してあります。

　入力は、その後のデータ処理の都合上、半角数字で記入します。例えば、点数・金額など数値をそのまま直接入力し、「150」と記載されることもあります。これらの数値はExcelなどの表計算ソフトや統計ソフトで平均、合計などがすぐ算出できます。

　入力をスムーズに進めるため、質問紙に記述した質問項目や選択肢を、どのように入力するかルールを決めましょう。例えば、性別は女が1、男が2、年齢は数値そのまま、選択肢①〜⑤は1〜5にするなどです。語句などを数値に変換する作業を、コーディング（cording、符号化）と呼びます。

　どれほど用意周到であっても、回答の結果、欠損値（データが欠けた状態）が発生することはあります。その対応は、欠損値を含んだまま処理するなどの方法があります。

表6-2　度数分布表

階級（点数）	度数（人）	割合（％）
0 〜 20	3	7.5
21 〜 40	8	20.0
41 〜 60	14	35.0
61 〜 80	10	25.0
81 〜 100	5	12.5
計	40	100.0

（4）　質的データの結果

　（「名義尺度」（勤務校種、担当委員会等）と「順序尺度」（様々な順位等））は質的データです。これら質的データについて、数値から度数分布表（表6-2）を作ることはできますが、数値の平均自体に意味はありません。例えば、学歴で「高校＝1、短期大学＝2、大学＝3、大学院＝4」など数値に置き換え入力し、平均が2.5だったとして、その数値だけで説明はできません（短期大学と大学が多いとも言えません）。分析方法はグループに分けることが基本です。

　名義尺度は、度数分布表、最頻値、円グラフ・棒グラフなどをよく用い、順

序尺度は、度数分布表、最頻値・中央値、円グラフ・棒グラフ・折れ線グラフ・累積折れ線グラフなどを用います。例えば、勤務校種について単純集計表を作成し、円グラフで示すなどです。

　質的データを分析する場合、単純集計を出した後に、いくつかの項目ごとでの連関をみるクロス集計表を作成します。そのときに、独立変数を縦軸（年齢）に、従属変数を横軸（運動状況：1週間に3日以上している人と2日以下の人）に置くと、「若い年代の人たちの方が運動不足気味である」など、結果を読み解きやすくなります（表6-3）。実際は「検定」によって数値で示します。

表6-3　クロス集計表

	週3日以上	週2日以下	合計（人）
40歳未満	50	250	300
40歳以上	150	150	300
計	200	400	600

（5）量的データの結果

　量的データにおいて合計、平均などの算出結果には意味があります。数値そのものの分析が基本だからです。度数分布表、平均値・中央値、標準偏差・分散・標準誤差、最小値・最大値・範囲・四分位数・パーセンタイル・外れ値、尖度・歪度、ヒストグラム（図6-3参照）・箱ひげ図（ボックスプロット）などが用いられます。例えば、健康診断で示されたある学年の身長・体重の結果

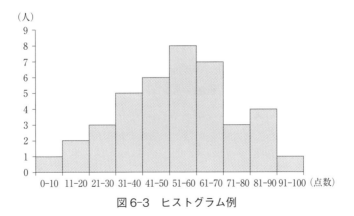

図6-3　ヒストグラム例

について、度数分布表とヒストグラムを作成し、平均と標準偏差を示すなどです。

(6) データの特徴をつかむ

身長、体重、あるいは試験成績などのデータの代表値として、中央値（すべてのデータの中間の値）や平均値（個々の値を合算して個数で除した値）を確認します。

続いて、個々のデータが集中しているのか散らばっているのかも確認します。その散らばり具合を知るときに必要なのが分散と標準偏差です。どちらも平均値を中心にしたデータが散らばっていれば値が大きくなり、集中していればその値が小さくなります。

3. 分　　析

(1) Excel と統計ソフトでできること

SPSS や R など統計ソフトを用いれば、大量のデータも手軽に扱えます（その利用法は専門のテキストなど参照ください）。しかし、まだ、職場で誰もが普通に利用しているソフトではありません。本章では以下、表計算ソフト Excel のアドイン（機能追加）で用いられる「分析ツール」や、アカデミック版ならば 2 万円程度で購入可能な「エクセル統計」(2018年 2 月時点、エクセル統計は

図 6-4　分析ツール

図 6-5　エクセル統計

98 第Ⅲ部　実際に調査研究をしてみよう

Excel2016 に対応）という統計ソフトを用いた分析例を示します。

　図6-4は分析ツールをクリックすると出てくる画像です。ここで示されているように、統計的な分析が、これだけでも扱えます。

　また、図6-5はエクセル統計でできる検定等が示されている画像です。養護教諭の先生方が学会や研究会などで発表するときに用いられる分析手法の多くは、これで対応できるようです。

（2）　パラメトリックかノンパラメトリックか

　統計的手法を用いるとき、母集団の分布を考えるか考えないかは、「パラメトリック」「ノンパラメトリック」いずれかを用いるかと言い換えられます。

　前者は母集団に正規性や等分散性を仮定した分析です。正規分布や等分散分布が前提とされます。後者は母集団の分布に特定の仮定を設けず、分布によらない手法です。例えば、平均値が外れ値の強い影響を受けたり、分布が歪んでいることが予想されるときに用います。

　具体例を後述しますが、例えば、小さい標本のときや平均値を算出できない変数の場合、中央値の差の分析でt検定（用語集参照）は行えず、中央値を用いた検定を行います。万能な手法のように思えるノンパラメトリックですべて行えばよいと思われるかもしれません。しかし、パラメトリックな手法が実施できる条件でノンパラメトリック検定を用いると「検出力（対立仮説が正しいときに帰無仮説を棄却できる確率）」が低下するという問題が生じます。そこで、適切な方法を用いる必要があります。

（3）　推定と検定

　分析の際、「推定」「検定」の2つが用いられます。

　推定は「調査した標本を分析し、母集団の特徴や規則性を類推すること」です。どのくらい差があるかを1つの値で推定する点推定と、幅を持たせて見積もる区間推定があります。検定は「研究対象となる母集団から抽出した標本の間に何らかの関係があるか、差があるかを、確率論的に判断しその関係や差が母集団にも適用できるかどうか」分析するものです。

第6章 数量的研究について　*99*

　データが確率を表す分布に従っていることを利用して、データ同士に違いがあることを統計的に検証し、「強い可能性がある」ことを示します。したがって、検定結果が有意水準に近い場合などで、データを増やして再検定することも必要です。

　検定には、両側と片側という種類があります。片側はおこったことと同じ方向のみ考え、両側は逆も考えます。基本的には両側の方が厳しい結果（差があることを示しにくい）となります。

　すでに、統計解析ソフトの急速な普及により、現在は、どのようなデータの場合、どのような分析手法が用いられるかを考えることが大事になりました。例えば「出身高校」と「所属部活動」（いずれも名義尺度）の関連性を知りたい場合、選択肢が2つずつあるクロス集計表（2行2列＝2×2）を見て、示されたケース数がそれぞれのセル（区画）ですべて5以上ならばχ^2（カイジョウ）検定（用語集参照）が行えます（表6-1）。

　このように変数によって用いられる検定法は異なります（表6-4、6-5、6-6）。本章では、そのうちよく用いられる代表的な検定を見ていきます。

表6-4　名義尺度の検定方法（一部）

	クロス集計表	条件	検定方法
名義尺度	2×2	期待値4以下あり	フィッシャーの直接確立検定
		5以上	χ^2検定
	2×3以上	なし	χ^2検定

表6-5　連続変数の検定方法（一部）

	条件	分布	検定方法
連続変数	2群	正規分布	共通の分散を用いたt検定（等分散）
			個別の分散を用いたt検定（非等分散）
		非正規分布	ウィルコクソンの符号付順位和検定
	3群以上	正規分布	分散分析
		非正規分布	クラスカル・ウォリス検定

100 第Ⅲ部 実際に調査研究をしてみよう

表6-6 分析方法

尺度	分析内容	条件	分析項目
名義×名義	関連性	選択肢2、全てのセル5以上	独立性の検定（χ^2検定）
		選択肢2、セル5未満あり	フィッシャーの直接確率検定
		選択肢3以上	独立性の検定（χ^2検定）、残差分析
	差	対応あり	マクニマー検定
名義×連続	差	2群対応なし	対応のない2群の差の検定
		2群対応あり	対応のある平均の差の検定
		3群以上	一元配置分散分析・多重比較
順序×順序	関連性		スピアマンの順位相関行列
	差	2群対応なし	マン・ホイットニーU検定
		2群対応あり	ウィルコクソン符号付順位和検定
		3群以上	クラスカル・ウォリス検定・多重比較
連続×連続	関連性		ピアソンの相関係数
	差	2群対応なし	対応のない2群の差の検定
		2群対応あり	対応のある平均の差の検定
		3群以上	一元配置分散分析・多重比較

（4）χ^2検定

　質的データの比率の比較に用いる検定です（用語集参照）。

　例えば、「自転車転倒事故の場合、ヘルメットをかぶっていると頭部外傷が少ない」仮説を証明するときはどうすればよいでしょう。自転車転倒事故の統計で、頭部外傷の有無とヘルメットをかぶっていたかどうか（着脱）を比較すればいいですね。

　その際、ヘルメット着脱に関連がない場合（期待値）と、実際結果（観察値）を比較し、それが、無関係と言えるかどうか、誤差による偶然を確認し、許容できるズレを設定し（有意差（用語集参照 0.05 が一般的）、そのズレと統計量（χ^2乗値）を比較します。許容範囲を超えれば、有意（＝関連がある）となります。有意水準は 0.05（普通）、0.01（厳しい）のいずれかです。「2×2クロス集計表」の結果で5未満の度数（件数）があるとき（集計表で5未満の度数があるor期待度数（セル）に5未満の度数がある）はこの検定は用いず、フィッシャーの直接確率検定（次項）を用います。

　p（ピー）値とは、実際には何の差もないのに、誤差や偶然でデータの

ような差が生じる確率（probability）です。仮に回帰係数が0だった場合に、データのばらつきのせいだけでこれぐらいの回帰係数が推定されてしまう確率で、慣例的には5%を下回ると厳しいです。

危険率（＝有意水準）を0.05とするとき、$p < 0.05$　独立変数と従属変数は関係がある（偶然ではない）、$p > 0.05$　独立変数と従属変数は無関係である（偶然である）となります。

エクセル統計の場合、データ入力したExcelにおいて、「基本統計量／集計表の作成と分析」＞「クロス集計表の作成と分析」＞「データ」とクリックすれば、表頭データ入力範囲が示されます。そこで、表側「データ入力範囲」を決定し、「先頭行をラベルとして使用」をクリックし、「右端・下側」＞とすると「2×2クロス表」が出力されます。この際、クロス表のなかの数値で度数5以上の場合χ^2検定の適用が可能です。そして、「右端・下側」のチェックの前に、「検定」での「独立性の検定」をクリックすると、例えば、χ^2値＝6.6667。p値＝0.0098。$p < 0.01$など示されます。このときは、p値が0.05より小さいので、帰無仮説が棄却され、ヘルメットの着脱と事故に高い関係性があることが示されます。

実はこの場合、Excel内で分析できる関数で算出可能です（表6-7は関数例）。有意確率は「CHITEST関数」で、χ^2値は「CHIINV関数」で出せます。そして、実測値に対する期待値の表を作成します。続いて、χ^2検定の結果を算出したいセルを選択し「CHITEST関数」を実行します（実測値範囲、期待値範囲）。有意水準に達していれば、2つの変数は関連がある（独立ではない）ことになり、統計量（χ^2値）と自由度を示します。χ^2値を算出したいセ

表6-7　エクセルの関数でできる分析

内容	入力する関数
平均	AVERAGE
標準誤差	STDEV.S/SQRT
中央値	MEDIAN
最頻値	MODE
標準偏差	STDEV.S
分散	VAR
尖度	KURT
歪度	SKEW
範囲	MAX-MIN
最少	MIN
最大	MAX
合計	SUM
標本数	COUNT

102 第Ⅲ部　実際に調査研究をしてみよう

ルを選択し、「CHIINV 関数」を実行（確率は有意確率セル、自由度はクロス集計表の自由度＝（行数－1）×（列数－1））で求められます。

（5）　t 検定

　2 群の平均値に差があるかどうかを考えるとき連続変数で用いる手法です。3 群以上の場合、分散分析と呼ばれます。母集団に差があるかを調べます。

4.　具体的な展開例

　どのようなときに、どのような統計分析をすればよいのか、養護教諭の方々の過去の研究例から、よく使われている方法について解説します。本節では「分析ツール」を用いた基礎統計量の算出方法とエクセル統計による検定例を示します。

（1）　分析ツールによる基礎統計量

　ごく簡単な例を 2 つ示します。一つはある科目の得点についてです。事前テストを受けた人、受けなかった人 10 名ずつの点数を示した表 6-8 について、エクセルの関数計算によって表 6-9 のような数値を求めることは、表計算の基礎です。そして、「分析ツール」の「基礎統計量」を算出すると表 6-10 のようになります（この表の数値は、紙幅を考え、小数点第 2 位までとしました）。

　これだけでも十分「分析ツール」の意義がわかるでしょう。

表 6-8　社会学の得点と事前テスト実施有無

出席番号	社会学	事前テストの実施
1	70	なし
2	60	なし
3	60	なし
4	60	なし
5	75	なし
6	55	なし
7	40	なし
8	35	なし
9	30	なし
10	65	なし
11	96	あり
12	100	あり
13	76	あり
14	90	あり
15	82	あり
16	100	あり
17	68	あり
18	92	あり
19	58	あり
20	88	あり

第6章　数量的研究について　*103*

表6-9　基礎統計量（Excel 関数）

事前テスト	なし (1-10)	あり (11-20)
合計	550	850
平均	55	85
標本数	10	10
最大	75	100
最小	30	58
標準偏差	15.09	13.99

（2）エクセル統計による検定

続いて、エクセル統計による検定例です。

最初に、年齢と運動状況について調べてみましょう。

600人の年齢および運動状況は、40歳未満1、40歳以上2、週3日以上1、週2日以下2と入力できます。

そして Excel のエクセル統計をクリックし、今の2項目の入力範囲、例えば「B1：C601」を範囲指定します。すると、「集計表作成と分析」と出てきますのでクリックし、「クロス集計表の作成と分析」を表示させます。そして、表頭「運動」、表側「年齢」として、「レイアウト（右側・下側）（度数とパーセント）（行単位)」を表示させます。「次へ」「全般」「Pearson のカイ二乗」とチェックして、OK をクリックします。実際は次のようなクロス集計表ができることに

表6-10　基礎統計量（分析ツール）

事前テスト	なし (1-10)	あり (11-20)
平均	55	85
標準誤差	4.77	4.42
中央値	60	89
最頻値	60	100
標準偏差	15.09	13.99
分散	227.78	195.78
尖度	−0.87	−0.12
歪度	−0.58	−0.85
範囲	45	42
最小	30	58
最大	75	100
合計	550	850
標本数	10	10

104 第Ⅲ部　実際に調査研究をしてみよう

表6-11　クロス集計表（年齢と運動状況）

	週3日以上	割合	週2日以下	割合	合計（人）	割合（%）
40歳未満	50	16.7	250	83.3	300	100.0
40歳代以上	150	50.0	150	50.0	300	100.0
計	200	33.3	400	66.7	600	100.0

表6-12　母平均の差の検定　（エクセル統計）

		統計量：t	自由度	P値	*：P＜0.05 **：P＜0.01
観測値	t検定	4.4125	16	P＜0.001	**
	Welchの方法	4.4125	15.9596	P＜0.001	**
ランク化	t検定	4.4111	16	P＜0.001	**
	Welchの方法	4.4111	15.5381	P＜0.001	**

なります（表6-11）。このとき、検定結果はp値で判断します。先に説明したように、$p < 0.05$なら、95%以上で必然となり、高い関連性あることが示されます。

　もう一つは、「差があるのかどうか知りたい」場合を見てみましょう。たとえば、事前テストを受ける人と受けない人とで違いがあるかどうかを見る場合です。異なる対象を比較するので、これは、「対応のない2群の差」ということになります。そこでt検定を行います。

　エクセル統計をクリックし、「2標本の比較」のなかの「母平均の差の検定（表形式）」を選びます。次に、範囲を指定しますが、例えば表6-8のような入力結果を比較する場合、「標本1の範囲」を1〜10番まで「標本2の範囲」を11〜20番まで選びます。「あり」の方が得点が高いことがわかっていますので、「片側検定」で、対立仮説を「標本1＜標本2」として「有意水準」は0.05とします。OKをクリックします。

　今回のデータでは、$p<0.001$となっていますので、有意差が認められました（表6-12）。同じように、表6-13（分析ツール）でも、「P（T＜＝t）片側」の値が「0.000109」となっており、同様に有意差が認められます。

表6-13　t検定：等分散を仮定した2標本による検定
（分析ツールによる t 検定結果）

	テストなし	テストあり
平均	55	85
分散	227.7778	195.7778
観測数	10	10
プールされた分散	211.7778	
仮説平均との差異	0	
自由度	18	
t	− 4.60963	
P（T<＝t）片側	0.000109	
t 境界値 片側	1.734064	
P（T<＝t）両側	0.000218	
t 境界値 両側	2.100922	

さいごに：調査を終えて

　質問紙調査までと、得た数値の分析という2つの行程について、説明してきました。これを実際に行うのは時間がかかり大変そうに見えるかもしれません。しかし、一度経験してしまえば、誰もが納得する結果として、第三者にしっかり伝えることができるので、とても有効な方法だとも言えるでしょう。数量的分析は、多様な手法があります。相関関係があると考える複数の量的変数（例えば、学習時間と成績）に対する回帰分析、ある結果に対して共通の原因は何かを考察する因子分析など、論文や学会発表でもしばしば見る手法でしょう。本章ではごくかいつまんだ概要しか説明しきれませんでした。ぜひ個別のテキストに触れたり、経験者の話を聞いたりして、実践してください。

やってみよう

・自らが持っているデータ（あるいは本章で示したデータ）を、分析ツールを使って、基本統計量を出してみよう。
・エクセル統計や SPSS などの統計ソフトを使って、データ分析してみよう。

106　第Ⅲ部　実際に調査研究をしてみよう

調査依頼文の例

20××年○月○日

三重県内　養護教諭各位

鈴鹿大学こども教育学部
教授　川又　俊則

「性の多様性」の教育に関する実態調査（お願い）

拝啓　突然のお手紙、失礼いたします。貴校におかれましては益々ご清祥のこととお慶び申し上げます。鈴鹿大学の教員川又俊則と申します。県内の養護教諭の先生には、いつも本学の教育研究にご支援賜り、感謝申し上げます。
… （中略）…
　貴校の今後益々のご発展と、先生方のご健勝を心よりお祈りしております。

敬具

記
1. テーマ　「教育現場におけるジェンダーと性別違和の緊急調査」
2. 内　容　「性の多様性」に関する教育現場の現状と課題を明らかにする
… （中略）…

連絡先（省略）

文献

川又俊則、2013『数字にだまされない生活統計』北樹出版

川又俊則、2015『世の中が見えてくる統計学』幻冬舎エデュケーション新書

川又俊則他編、2017『「教育現場におけるジェンダーと性別違和の緊急調査」研究報告書』（平成28年度鈴鹿大学「学びのイノベーション」研究助成金報告書）

岸学他、2010『ツールとしての統計分析』オーム社

津島昌寛他、2010『数学嫌いのための社会統計学』法律文化社

坪井博之、2011『このとおりやればすぐできるナースのためのデータ処理』技術評論社

西山敏樹他、2013『データ収集・分析入門―社会を効果的に読み解く技法』慶應義塾大学出版会

廣瀬毅士他、2010『社会調査のための統計データ分析』オーム社

柳井久江、2013『4Stepsエクセル統計第3版』オーエムエス出版

コラム6	栄養教育の評価

鈴鹿大学短期大学部　梅原頼子

　2000年から開始されている第三次国民健康づくり対策である「21世紀における国民健康づくり運動（健康日本21）」で、はじめて数値目標を設定したことがきっかけとなり、栄養教育の評価方法は大きく変わってきました。国が目標を数値化したことで、今までのような事業を実施した回数や参加者数、継続できた人の割合などを評価するアウトプット評価だけではなく、事業を実施した後の健康状態や検査値の改善、知識の改善や行動変容、参加者の満足度などを評価するアウトカム評価が重要視されるようになりました。

　健康日本21では、国民の健康増進の推進に関する基本的な方針や、10年後に到達する最終目標として9分野80項目（栄養・食生活分野は15項目）をあげて、それぞれに数値目標を掲げています。2011年に行った最終評価では、全体の60%は改善傾向にありましたが、栄養・食生活分野の指標の達成状況は15項目のうち6項目（40%）しか改善できませんでした。このようにアウトカムの目標を数値化することによって、今までわかりにくいとされてきた健康づくり運動の効果が国民にとってわかりやすくなった一方で、栄養士・管理栄養士の教育力、支援能力が問われるところです。

　2013年からは第四次国民健康づくり対策として「21世紀における第二次国民健康づくり運動（健康日本21（第二次））」が展開されていますが、前回の運動で残された課題を踏まえて新たに10年後の数値目標を53項目（栄養・食生活分野は14項目）設定して、国民が目指す姿を示しています。その開始5年目にあたる2017年には中間評価が行われ、現在は、中間評価報告書の素案が公表されています（表1）。みなさんはこの結果をどのように見るでしょうか。

表1　栄養・食生活に関する生活習慣および社会環境の改善に関する目標（一部抜粋）

項目		対象			策定時の現状	2017年中間評価	2022年目標
①　適正体重を維持している者の増加（肥満、やせの減少）	肥満（BMI25以上）者の割合	20歳〜60歳代	男性		31.2%	31.6%（変化なし）	28%
		40歳〜60歳代	女性		22.2%	20.5%（変化なし）	19%
	やせ（BMI18.5未満）の者の割合	20歳代	女性		29.0%	22.3%（減少）	20%
②　適切な量と質の食事をとる者の増加							
ア　主食・主菜・副菜を組み合わせた食事が1日2回以上の日がほぼ毎日の者の割合の増加		20歳以上			68.1%	59.7%（減少）	80%
イ　食塩摂取量の減少					10.6g	10.0g（減少）	8g
ウ　野菜と果物の摂取量の増加	野菜摂取量の平均値				282g	294g（変化なし）	350g
	果物摂取量100g未満の者の割合				61.4%	57.2%（変化なし）	30%

108　第Ⅲ部　実際に調査研究をしてみよう

第7章

事例と解読 ― 数量的調査　大澤論文を読んで

石川　拓次

本章のめあて

・数量的研究の進め方がわかる。

・質問紙調査を作成することができる。

・研究倫理の基本について理解することができる。

は じ め に

　第6章では数量的研究についてのお話をしてきました。数量的研究とは、数字を使って説明をしていく研究であり、代表的な例として、「質問紙調査」があります。本章では、前章を参考にしながら、東海学校保健研究に掲載された「中学校保健室の位置の実態 ― 養護教諭による評価と工夫 ―」（大澤隼人、大野泰子 2016）を用いて数量的研究がどのように進められ、論文が作成されていくのかについてみていきましょう。随時前章で記載されたところはページ数を載せていきますので、用語等でわからなくなったら前章に戻りながら読み進めてください。

　研究課題を決定後、研究計画を作成するに当たり、5W1H のようにいつ、どこで、誰が何をどうするのか、どのような方法で行うのかを決定して、研究は始められます。この論文は数量的調査を進め、その結果を客観的な統計手法により分析し、理論と実際を照らし合わせ養護教諭の職務を考えた典型的な論文です。では、この数量的研究がどのように進められ、論文として完成したか

第7章　事例と解読—数量的調査　大澤論文を読んで　*109*

をみていきましょう。

1. 研究の題材をみつける（先行研究）

　調査したい日頃のはてなを探すということについては、第1章でお話ししました。そのはてなが研究の第一歩で、二歩目に進めるとしたら、そのはてなに関係する論文や資料を探して読むことでしょう。（論文や資料の探し方は第3章、第4章を参照）

　この論文では、まずはじめのパラグラフでは、保健室の存在という法的根拠を示し、そして、養護教諭の役割につなげ、その役割を果たすための環境整備の重要性について言及しています。

〈はじめに・第1パラグラフ〉

Ⅰ．はじめに
　保健室は、学校保健安全法第7条で「学校には健康診断、健康相談、保健指導、救急処置その他の保健に関する措置を行うために」設けるとされている。平成20年1月の中央教育審議会答申では、養護教諭の役割は「救急処置、健康診断、疾病予防などの保健管理、保健教育、健康相談活動、保健室経営、保健組織活動」であり、「養護教諭がその役割を十分果たせるようにするための環境整備が必要である」と指摘された。

　そして、次のパラグラフでは、前パラグラフの「環境整備」に着目し、学校施設の位置に関する指針の資料を用いて説明を加えています。その中で、学校施設の指針の示し方として「重要である」「望ましい」、そして、「有効である」という三段階があることを説明し、その順番で保健室の位置基準について述べています。

〈第2パラグラフ〉

　学校施設の位置に関しては、文部科学省の学校施設整備指針において計画・設計上の留意事項が示されている。同指針は、留意事項を「重要である」「望ましい」「有効である」の三段階で表現している。「重要である」は「学校教育を進める上で必要な施設機能を確保するために標準的に備えることが重要なもの」、「望ましい」は「より安全に、より快適に利用できるように備えることが

110 第Ⅲ部　実際に調査研究をしてみよう

望ましいもの」、「有効である」は「必要に応じて付加・考慮することが有効なもの」と記述している。保健室の位置に関しては、「(1) 静かで、良好な日照、採光、通風などの環境を確保することのできる位置に計画することが重要である。(2) 特に屋内外の運動施設との連絡がよく、生徒の出入りに便利な位置に計画することが重要である。(3) 救急車、レントゲン車などが容易に近接することのできる位置に計画することが重要である。(4) 職員室との連絡及び便所等との関連に十分留意して位置を計画することが望ましい。(5) 健康に関する情報を伝える掲示板を設定するなど、健康教育の中心となるとともに、生徒のカウンセリングの場として、生徒の日常の移動の中で目にふれやすく、立ち寄りやすい位置に計画することが望ましい。」とされている。

　次のパラグラフには保健室の位置などについて調査した先行研究について記述がされています。この論文では主に3つの論文を紹介しています。もちろんこの論文を作成するにあたってはもっと多くの先行研究について調べています。そして、先行研究を熟読したうえで、日常の「？」を研究テーマにしていきます。

〈第3パラグラフ〉

　先行研究では、白石[1] と石塚ら[2] が小学校の保健室は救急処置に重きを置いた位置にあると報告し、すべての保健室が学校施設整備指針の項目を満たした位置にあるわけではないことを示した。また、養護教諭が保健室の位置を評価する条件として、石塚ら[2] は、小学校では静かで良好な環境が確保できること、運動場や職員室が近いこと、児童と教職員の動線が延びてくることを重視し、中学校勤務経験者は職員室や普通教室に近いことを重要と考えていないと述べている。平成23年度の日本学校保健会の調査[3] によると、中学校の保健室利用状況は、小学校に比べ外科的処置が少なく、健康相談は多く、保健室登校が全校種の中で最も多い。校種によって、保健室の利用状況や校内体制には差があることが明らかであろう。

　「Ⅰ. はじめに」の最後のパラグラフでは、この論文で論証することがいかに重要なことであるかについて記述されています。まず一つ目は、新規性（オリジナリティー）です。新規性とは、これまでにこの研究テーマについては調査されたことがないということです。つまり、中学校の保健室の位置についての論文は先行研究を調べた限りでは発表されていないということです。

そして、2つ目として、有用性です。この研究テーマを調べることによってこんなに良いことがありますよ、ということです。この論文では、保健室の位置を研究することにより、保健室の機能を充分に発揮することが可能となり、保健室経営を効率的に行う一助となるとしています。

この論文では、研究目的を別の章にしています。もちろんこのような記述の仕方もありますし、「Ⅰ. はじめに」の最後のパラグラフに記述されることもあります。

〈第4パラグラフ〉

> これらのことから、保健室の機能や養護教諭の役割を十分果たすための環境には、条件に「保健室の位置」の要素が含まれると考える。また、保健室の位置や養護教諭の位置評価の観点は校種によって異なるとも考えられる。しかし、筆者の調べた限りにおいて、これまで保健室の位置の研究で、中学校単独の調査の報告はない。中学校の保健室の位置を研究することは、養護教諭がその役割を果たし、保健室の機能を十分発揮するための中学校の保健室経営の一助になると考える。

2. 調査をしてみよう！
― 方法と質問紙調査の作成 ― 分析、そして、倫理規定 ―

研究のテーマが決まったら、次に行うことは研究計画を考えることです。研究計画とは研究方法のことです。数量的研究であれば、対象、調査の方法や時期、設問内容、そして調査用紙の配布方法などについての計画を立てなくてはいけません。

この論文では、対象はＡ県内の中学校に勤務している養護教諭全員を対象としています。対象に郵送法（郵便で送り、郵便で返信してもらう）にて質問紙調査を実施しています。そして、返信された調査用紙の数や割合（回収数・回収率）、研究の目的に合った回答であるかどうかを確認し、研究目的に合わない調査用紙については除外することもしています。

112 第Ⅲ部　実際に調査研究をしてみよう

〈方法・第1・2パラグラフ〉

Ⅲ．研究方法

1．対象および方法

　2014年4月現在、A県内の中学校に勤務しているすべての養護教諭171人に、郵送法による無記名自記式の質問紙調査を実施した。実施時期は2014年11月から2015年1月であった。

　A県内中学校171人中、回答は106人（62.0％）から得、このうち、小中一貫校が1校、中高一貫校が3校あった。本論の場合、中学校の保健室の位置の独自性を研究するため、これらは適さない。よって、これらの回答者4人分を除いて、有効回答102人分を分析に用いた。

　次に、調査の内容について具体的に考えています。つまり、質問紙調査においては設問内容を考えることです。ここで大事なのが、リサーチクエスチョン（テーマへのより具体的な問い）です。（第6章参照）

　この論文では、「Ⅰ．はじめに」ででてきた学校施設整備指針と石塚らの先行研究を参考に作成しています。学校施設整備指針については、設問をより具体的にするために、指針の文章を文節に分けて、設問項目としています。これにより、研究の目的を達成するための妥当性（用語集参照）に適した設問項目を考えているということになります。さらに複数の専門家に対して予備調査を行い、より設問に妥当性と信頼性を高める工夫をしています。

　その他の設問項目として、自身の属性（性別や年齢区分、養護教諭の経験年数等）や勤務校（生徒数、建築時期）や保健室（来室者数、位置、日常業務について）に関することも調査をし、クロス集計を行う際の項目に使えるようにしておきます。

　さらに、本論文の研究テーマである「保健室の位置」についての補助的な設問として、現在の勤務校の保健室の位置の評価やこれまでの勤務校における保健室の位置に関する不都合の有無、保健室の位置に関する条件別の重要度についても調査を行い、「保健室の位置」についての養護教諭の意識について充分なデータを得るようにしています。

　そして、この論文の質問紙では多くの設問が単一選択か複数選択で構成され

ています。質問紙調査（用語集参照）は短期間に多くのデータを集めることが可能という利点がありますが、設問項目が多く、自由記述が多い調査用紙は、対象者にとっては回答しづらく、回収率にも影響が出てきます。とは言っても、選択式だけでは調査したいことができないということにもなってきます。この論文では3題の自由記述の設問が設定されています。どの設問も選択式の設問を補完する適切な項目となっています。

〈第3パラグラフ〉

2. 調査内容
　調査項目は、学校施設整備指針の保健室に関する記載部分と石塚ら2）の質問紙調査の内容を参考に作成した。作成方法は次の通りである。まず記載内容を意味のある文節ごとに切り取ったうえで、1つの質問項目とした。例えば、「(1) 静かで、良好な日照、採光、通風などの環境を確保することのできる位置に計画することが重要である」の場合は「静かである」「日当たりがよい」の2項目を抽出した。学校施設整備指針に記載されている5項目の内容すべてから、14項目の質問項目が抽出された。これらの文言が妥当であるか研究者等で検討したうえで調査を行った。質問内容は以下の通りである。
・自身の属性と勤務校に関する質問7項目（自身の年代・養護教諭経験年数・養護教諭経験勤務校数・その他職歴・勤務校の生徒数・学級数・新築時期）
・保健室の概要に関する質問2項目（保健室来室者数・保健室の位置）
・保健室の位置評価に関する質問3項目（勤務校の保健室の位置評価・過去の勤務校で保健室の位置が「適切でない」と感じた経験の有無・保健室の位置に関する条件別の重要度）。
・日常の職務に関する質問1項目（職務の項目別の費やしている時間）。
・保健室の位置評価および工夫に関する自由記述3項目（勤務校の保健室の位置評価の理由・過去に保健室の位置が「適切でない」と感じた理由・保健室の位置を踏まえた工夫）。

114　第Ⅲ部　実際に調査研究をしてみよう

3.　調査研究として重要なこと ―統計と倫理―

　第6章でも記述されている通り、数量的研究ではデータを集めたら、次に統計分析を行っていきます。第6章にあるとおり、その条件によって統計方法は変わってきます。最も条件に合った方法で分析をすることが大切です。

　この論文では、Excel統計2012というパソコンソフトを用いてχ^2検定とノンパラメトリック検定の一つであるクラスカルウォリス検定を行っています。最近では多くの統計ソフトが市販されるようになりました。有意水準（用語集「有意差」参照）とは、統計的仮説が有意であるかを判断する基準のことですが（広辞苑 第7版）、多くの調査では5%未満が使われています。

　さらに自由記述についても統計的な処理を行っていくことが必要になります。こちらについては第8章質的研究で詳しくお話します。

〈第4パラグラフ〉

> 3.　分析方法
> 　Excel統計2012により統計的手法を用いてχ^2検定、クラスカルウォリス検定を行った。有意水準は5%とした。また、自由記述は回答の内容を意味レベルで分類し単純集計を行った。

　そして、次のパラグラフでは倫理的配慮について記述されています。近年の研究においては、この倫理的配慮がよりいっそう厳格なものになりました。医療で行われる動物実験や人を対象とした治験だけではなく、この論文のように質問紙を使って人を対象に意識や行動等を調査する場合にもこの倫理的配慮が必要になります。

　難しいことが記述されていると思いがちですが、そんなことはありません。質問紙調査においては、誰が書いたかわからなくすること、研究目的以外には使わないこと、回答しない権利もあること、これらのことを書面、時によっては口頭で説明をすることが求められます。また、この書面を読み口頭の説明を聞いて対象が同意したという意思表示を確認することが求められています。この論文には記載されていませんが、通常、研究を始めるときには大学等の高等

教育機関や研究所等に設置されている研究倫理審査委員会に研究倫理についての審査申請をし、その研究が倫理規定に則って実施されているかを審査されます。そして、承認された際には承認番号を得て、その承認番号を論文に記載することになります。

　この倫理的配慮は、研究をする者にとっては非常に大切でよく理解しておかなければいけないことです。

〈第5パラグラフ〉

---

4. 倫理的配慮
　倫理的配慮として、本調査で個人が特定されることはないこと、収集したデータは統計処理し研究の目的以外には使用しないこと、回答者の不利益になるような取り扱いは一切しないこと、回答したくない質問は回答しなくてもかまわないことを書面で説明した。また、調査の同意は、返信をもって得られたものとすることを明記した。

---

4. 結果 ― 単純集計とクロス集計 ―

　続いて、結果です。質問紙調査において、結果の記述には大きく分けて二通りあります。単純集計とクロス集計です。単純集計は、質問紙調査の結果について、属性等で分けることなくそのままを記述することです。その際、質問紙調査の回答方法で単一選択と複数選択で図表での標記の方法が異なります。

　2) 学校における保健室の位置の実態については複数の選択が可能であったため、棒グラフでの標記となっています。一方で単一選択の場合は、円グラフで標記するか表にて件数と割合を記述して標記することになります。

　位置の実態結果の後半部分では、学校施設整備指針の項目についての検証が行われています。質問紙調査では学校施設整備指針の文章を文節に分けて設問としていましたから、この結果でその項目をすべて満たしている割合と1つも満たしていない割合についてもしっかりと触れられています。一つ欲を言えば、この結果についても図表で示すことができるとさらにわかりやすい論文になったでしょう。

〈結果・第6パラグラフ〉
   2) 学校における保健室の位置の実態

保健室の位置について、102校中回答数が3分の2以上の項目は「一階にある」92.2%、「職員室と同じ棟にある」81.4%、「職員室と同じ階にある」77.5%、「日当たりがよい」74.5%、「トイレが近い」73.5%、「静かである」67.6%、また、3分の1以下の項目は「特別支援教室に近い」23.5%、「その階の中心部にある」18.6%だった（図7-1）。学校施設整備指針では、環境に関する項目である (1) は「静かで、良好な日照、採光、通風などの環境を確保することのできる位置」と示されており、「静かである」と「日当たりがよい」という条件は分かれていない。つまり、本調査で学校施設整備指針の (1) を満たしている位置について考えると、「静かである」と「日当たりがよい」の両条件を満たしている場合となる。本調査では、これら両条件を満たしている保健室は48.0%であった。また、学校施設整備指針に相当する項目（「静かである」「日当たりがよい」「運動場との行き来に便利」「救急車の搬送に便利」「職員室が近い」「トイレが近い」「生徒が立ち寄りやすい」）をすべて満たしている学校は9.8%で、1項目も満たしていない学校は2.0%だった。

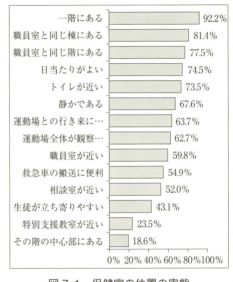

図7-1　保健室の位置の実態

　もう一つ結果に記載する内容としてはクロス集計をし、統計学的な検定を行うことによって仮説を検証するための根拠を出すことがあげられます。クロス集計をするためにはまず属性や調査項目から群分けを行います。この論文では、保健室の位置の評価によって群を分けています。つまり、保健室の位置が「適切」「どちらかと言えば適切」との回答を「適切」群、一方「どちらか

と言えば適切でない」「適切でない」との回答を「適切でない」群としています。この群分けと現在勤めている学校の保健室の位置の回答とのクロス集計を行っています。そして、統計学的検定方法である χ^2 検定（用語集参照）を行い、その結果が記載されています。表7-1 をみると多くの項目で有意差（用語集参照）がみられています。この有意差がみられた結果から次の章の考察で根拠を示しながら筆者の考えを述べていくことになります。

〈結果・第11パラグラフ〉

6. 保健室の位置の評価
1）保健室の位置と位置評価
　保健室の位置評価を、「適切」「どちらかと言えば適切」と回答した人を「適切」群とし、「どちらかと言えば適切でない」「適切でない」と回答した人を「適切でない」群として、2群に分けて χ^2 検定を行った。保健室の位置が「日当たりがよい」（p<0.01）、「運動場全体が観察できる」（p<0.001）、「運動場との行き来に便利」（p<0.01）、「職員室が近い」（p<0.001）、「職員室と同じ階にある」（p<0.01）、「職員室と同じ棟にある」（p<0.001）、「生徒が立ち寄りやすい」（p<0.001）、「相談室が近い」（p<0.05）、「その階の中心部にある」（p<0.01）場合、「適切」群が有意に多かった（表7-1）。

表7-1　保健室の位置と位置評価の関連 (n = 101)

			適切		適切でない		χ^2 検定
	静かである	はい	44	63.8%	25	36.2%	n.s.
		いいえ	23	71.9%	9	28.1%	
	日当たりがよい	はい	56	74.7%	19	25.3%	＊＊
		いいえ	11	42.3%	15	57.7%	
	運動場全体が観察できる	はい	50	79.4%	13	20.6%	＊＊＊
		いいえ	17	44.7%	21	55.3%	
	運動場との行き来に便利	はい	49	76.6%	15	23.4%	＊＊
		いいえ	18	48.6%	19	51.4%	
	救急車の搬送に便利	はい	38	69.1%	17	30.9%	n.s.
		いいえ	29	63.0%	17	37.0%	
	職員室が近い	はい	51	83.6%	10	16.4%	＊＊＊
		いいえ	16	40.0%	24	60.0%	
保健室の位置	職員室と同じ階にある	はい	58	74.4%	20	25.6%	＊＊
		いいえ	9	39.1%	14	60.9%	

118　第Ⅲ部　実際に調査研究をしてみよう

職員室と同じ棟にある	はい	61	74.4%	21	25.6%	＊＊＊
	いいえ	6	31.6%	13	68.4%	
トイレが近い	はい	49	66.2%	25	33.8%	n.s.
	いいえ	18	66.7%	9	33.3%	
生徒が立ち寄りやすい	はい	37	86.0%	6	14.0%	＊＊＊
	いいえ	30	51.7%	28	48.3%	
相談室が近い	はい	41	77.4%	12	22.6%	＊
	いいえ	26	54.2%	22	45.8%	
特別支援教室が近い	はい	18	75.0%	6	25.0%	n.s.
	いいえ	49	63.6%	28	36.4%	
その階の中心部にある	はい	17	94.4%	1	5.6%	＊＊
	いいえ	50	60.2%	33	39.8%	
一階にある	はい	61	65.6%	32	34.4%	n.s.
	いいえ	6	75.0%	2	25.0%	

＊ $p<0.05$　＊＊ $p<0.01$　＊＊＊ $p<0.001$

5. 結果と先行研究からみえてくるもの―考察―

　いよいよ考察です。日常のはてなを探し、先行研究を読み、はてなから研究の主題がみえて、そしてその主題を解決することのできる調査方法を吟味し、調査し、結果を出すという果てしない道程を歩んできましたが、それもあと一息です。考察は、この調査で得られた結果と先行研究から筆者の考えについて論述していくものです。筆者の考えを論述するとは、仮説の論証を中心として、調査した結果と先行研究という根拠を示していくことにより、進めていくものです。ここで留意しなければいけないことは、あくまでも今回の調査の結果と先行研究から考えていくということです。あまり大きなことを言う必要はありません。今回の調査で出てきた新たな疑問は次の研究テーマに取っておけばよいのです。

　この論文においても実に詳細に考察がなされています。一部のみしか紹介できないのはとても残念ですが、先ほどのクロス集計の際にみた提示した箇所についての考察についてみてみましょう。

　先行研究の根拠として石塚らの論文（養護教諭による小学校の保健室の位置

の評価、学校保健研究、2010）や白石らの論文（高等学校における保健室の位置についての研究、第49回近畿学校保健抄録集、2002）を使用しています。これらの論文は、この論文と調査対象が違っています。それゆえに対象児童生徒がその発達年齢において保健室に求める事柄の違いが予想されます。しかし、その中で、結果の類似性をみつけ、中学校の養護教諭が考える保健室の適切な位置は、小学校の養護教諭の考え方に類似していると結論付けています。

〈考察・第2〜5パラグラフ〉

---

2. 養護教諭による位置評価の観点

　石塚ら[2]の小学校の調査と同様に、養護教諭が保健室の位置で重要とする項目は「静かで良好な環境」、「運動場や体育館との連絡がよい」、「職員室から近い」という項目が上位だった。位置と位置評価のχ^2検定では、石塚ら[2]の調査と同様に、静かで良好な環境が得られる、職員室や運動場が近い、生徒が立ち寄りやすいことが適切評価の条件であった。位置評価の理由の記述では、「職員室との距離・職員連携」「運動施設との連絡」「教室との距離や生徒の動線」「環境」が主な評価の理由となっていた。特に、「職員室との距離・職員連携」は突出して多く記述されており、位置評価の最重要条件であると考えられる。これらは、中学校勤務経験者は職員室や普通教室に近いことを重要と考えていないという石塚ら[2]の報告や、高等学校の養護教諭は職員室との近接に関して意見が分かれていたという白石ら[4]の報告とは相違する結果である。中学校養護教諭による保健室の位置評価の観点は、高等学校とは職員室との距離に関する意見に相違があり、むしろ小学校養護教諭と類似していることが明らかとなった。

さいごに

　ここまで、大澤隼人さんの論文を読みながら、質問紙調査を代表とする数量的研究についての具体的な研究の進め方についてみてきました。日常のはてなから研究テーマを探し、その答えを捜し求めいていく過程というのは実に面白みのあるものです。もちろんすべての答えがはっきりとみえてくることは多くないかもしれませんが、少しのヒントでも見つけることができれば、次のはてなへ辿り着くこともあるかもしれません。

120 第Ⅲ部　実際に調査研究をしてみよう

　本章では研究を行うにあたってしっかりと理解しておかなくてはいけない研究倫理についてもお話をしました。人や動物を対象とする場合には絶対に理解しておかなければいけないことです。質問紙調査に回答してもらえるということは決して当たり前ではないということを心に留めて、調査を行ったらしっかりと結果を公表することを忘れないでおきましょう。

やってみよう！

・身近な題材から属性・意識・行動を測る質問を 8 問以上考えてみよう。

・20 人以上の友達や同僚に作成した質問に答えてもらおう。

・実施した調査についてパソコンを使って単純集計をしてみよう。

| コラム 7 | 「経営」ということ |

元大阪教育大学　　北口和美

　学校教育の効果を最大限にするためには、学校組織が効果的に運営されること、それぞれの組織は目標を達成するために効果的な経営をすることが必要である。経営といえば、養護教諭には職務内容として保健室経営がある。現在の保健室経営において、子ども達の健康課題が多様化し、健康診断、救急処置、疾病の予防や管理を中心とした支援だけでなく、心と体のケアも重視した経営が求められている。

　これは、「不易流行の経営」であり、継続性と変革性が必要ということであり、本来保健室の機能として果たすべき役割と、今の時代に対応した機能との両面の視点が融合された経営が求められるということである。保健室経営の前提には「学校における教育の効果に資すること」があり、具体的には「育てたい子ども像」と「子どもの心身の健康課題の解決に向けた取り組み」という目的がある。そのために、教職員が共通理解した子ども像や子どもの実態を的確に把握する力を必要とする。

　特に子ども達の健康ニーズは、その時代時代によって変化しており、今の時代に吹く風をしっかりと読み取る必要がある。そして、ニーズに対応していくためには、計画や組織の構造などをダイナミックに作り変えていく変革性が必要であろう。そして、実効的な「保健室経営」をしていくためには、保健室の機能と養護教諭の専門性を有機的に融合し展開していくことが求められる。

　能楽者である世阿弥の「風姿花伝」の中に、能楽者が世を生き抜くための経営戦力というべき記述がある。「客の好みは千差万別だ。相手と状況に応じて打つ手を考えろ。工夫の秘密を悟らせるな、わからないように手法を考えよ」というものである。これを養護教諭にあてはめてみよう。「子どもの健康状態は千差万別だ。子どもの健康状態に応じて保健管理・保健指導の方法を考えよ。特に保健管理は子どもに悟らせない保健管理のあり方を工夫せよ」と言い換えることができよう。

　効果的な経営をしていくためには、論理的思考と戦略的思考がなければならないし、養護教諭は、学校教育における「養護」の専門職としての自覚と周囲との協働関係を作り上げていく力量が必要となる。協働関係を作り上げていくためには、①周囲を巻き込める「目的」の旗を掲げられるか。「こうすべき」では人は動かない、根拠のあるデータを提示し、「どこへ」「何のために」「どこを目指して」という旗を明確にできること②目的を達成する実現プランニングを設計できるか。夢物語では人は乗らない、必要な人々にその意味をきちんと伝えられること。③現実と目的を秤にかけるクリテイカルさがあるか。目的と現実をかね合わせ絶えず点検できること、　目指すことを一緒にやっていくための土壌（協働関係）を

作れるかという事が問われる。根底にあるのは自分への確信が持てるかどうかということであろうか。現在、「チーム学校」と盛んに言われている。「チーム学校」とは学校運営における体制を意味する。チーム構成員は、関わる組織の経営的視点を持ち、経営的戦略に沿ってその役割を果たすことがこれからますます重要になってくる。養護教諭は「養護をつかさどる」を基本に、子どもたちの未来を紡ぐ重要な立場にあることを自覚し、心身の健康の保持増進という役割を果たすための保健室経営をしていきたいものである。

第8章
質的研究を行う

川又　俊則

本章のめあて

・質的研究のいくつかの研究方法について効果を理解している。
・質的研究の流れを理解している。

はじめに：質的研究とは何か

　第6章では、数量的研究について述べてきました。これに対して、質的研究とはどのようなものでしょうか。

　数量的研究は「数値データ」をもとに分析を進めます。これに対し質的研究は「非数値データ」を扱う研究です。文書や図表、音声、映像などが非数値データです。「見る、聞く、話す、書く、感じる」など五感を働かせ、地域や人など研究対象を丸ごととらえる方法です。表8-1は、質的研究のいくつかについて、方法（大分類・小分類）・内容を示しました。本章は多くの方々が実践されているインタビューを中心に解説します。

　表8-1方法の大分類「見る」は、非参与観察（その場の状況を観察するだけで研究協力者の動向に関与しない）と参与観察（その場に参加し、研究協力者と関わる）に分けられます。いずれにしても、注意深く見て対象理解を進める方法で、録画・録音・メモなど記録にとることが重要です。観察経過のなかで、研究協力者の言動や、それによって周囲がどのように変化したかなど考察していきます。「感じる」に分類した「フィールドワーク」は、もちろん「見

124 第Ⅲ部 実際に調査研究をしてみよう

る」「聞く」「話す」「書く」にも関わります。

　ごく一部しか示してない表8-1だけを見ても、多様な方法が含まれていることがわかるでしょう。このように「とらえる」ことを技法と見なすならば、「とらえたもの」の処理は分析法（分類・分析）です。表8-2には、よく用いられるものを示しました。

　表8-2のうち、KJ法、コンピュータ・コーディング、グラウンデッド・セオリーの3つは後で説明し、続いて、ライフヒストリー分析の自らの事例を解

表8-1　質的研究の方法（一部）

方法（大分類）	方法（小分類）	内容
見る	非参与観察	外部者の立場で集団・対象を（外側から）観察する
	参与観察	集団にかかわりながら観察する
聞く	ワークショップ	集団内で様々な取り組みをする
	インタビュー	研究協力者にある目的の内容を聞き取る
話す	アクション・リサーチ	対象集団におけるメンバーとともに、話しあうなどして変革を実践する
書く	資料収集	研究にかかわる様々な資料を収集する（記録を整理し書き取る）
感じる	フィールドワーク	現地の人とかかわったことや、自らが感じ、経験したことなどをまとめる

表8-2　質的研究の分類・分析方法

方法（分類、分析）	内容
KJ法	キーワードごとに分類し、関連性を見つける
コンピュータ・コーディング	テキストデータをキーワード等で分類
グラウンデッド・セオリー	カテゴリーを分類し分析
ライフヒストリー分析	インタビュー内容を人生史に沿って分析
エスノグラフィー	研究対象の文化的特徴や日常行動を、聞き、感じ、考えたことなどを主観・客観を交えて詳細にまとめる
会話分析	語りをそのまま記述し、沈黙、重なりなどを含めた分析
内容分析	新聞記事などのデータ分析

説します。それ以外をここで簡単に述べます。エスノグラフィーは参与観察に基づいたフィールドノートに記録し、分析をしていきます。会話分析は日常会話など記録にとり、その詳細な分析によって、社会的な相互行為の秩序を明らかにします。内容分析は、雑誌や新聞記事等の文章の内容や、テレビ番組の内容、コミュニケーション内容について分析します。

　質問紙（調査票）を用いた統計的分析であれば、同じ期間で回答されたデータを入力・出力し、統計学的な知見を用いて分析し、自らが設定したカテゴリーによって差があるか、関係があるかなどを示します（第6、7章参照）。質問紙作成段階で時間をかけますが、質問紙回収後は、想定内の結果ならば、仮説にしたがって進めます。回答者の特定の誰かと、交流がその後に続くことは想定されません。

　これに対し質的研究は、たとえば、ある地域・集団の聞き取りを数年かけて続けることも、調査を通じて出会った方と調査外の交流が生じることもあります。そういう関係ができること自体、人生における幸運かもしれません。調査する自分自身にとってとても大きな財産を得たと言ってよいのです。出会い一つ一つを大事にしてください。

　研究の背景を理解するという意味で、地域社会や所属団体の歴史などを丁寧に文書資料などで確認することも当然です。次節以降、具体的な展開を述べましょう。

1. 質的研究の前に

　掲げるテーマにいかに適した方法かどうかが問われます。テーマに関心を持った理由や調査研究の意義を十分考えましょう。素朴に、「知りたいから」だけでは長期間の調査のモチベーションは続きません。結果考察も浅いものに終わります。インタビュー調査は、相手の都合で1回1時間以内などの制限もあり得ます。しかし、何度か繰り返してお伺いすることもあります。

　仕事にはつねに〆切があることも忘れてはなりません。その研究での到達目標もあらかじめ決めましょう。例えば、1年後の学会（用語集参照）発表か、

126 第Ⅲ部 実際に調査研究をしてみよう

2年後の卒業論文完成か、5年以内に単行本を刊行するかなど、各人で研究計画を立て、具体的行程を考えます。適切な研究方法は、テーマや期間・予算などを含めて総合的に判断します。

研究の前に「倫理的配慮」の注意も確認しましょう（第1章参照）。質的研究としてインタビュー調査を行うときなど、研究協力者が全面的にご協力いただけないと調査できません（具体例は第9章参照）。

2. 質的研究の概要：インタビュー調査

質的研究で最も多く導入されているのはインタビューでしょう。社会学、人類学、心理学など様々な研究分野で導入されています。同時に、マスコミの取材や、日常生活でも用いられ、読者の皆さんは、改めてインタビューの「方法」など学ぶことはなかったかもしれません。本節でしっかり方法論をおさらいしておきましょう。

インタビューは、予備調査として課題を考える時点で行う場合と、実際にある仮説をもって行う場合と2つの局面があります。具体的には、非構造化面接・半構造化面接・構造化面接という3種類の方法に分けられます。非構造化面接は、あらかじめ質問項目を設定せず、自由に語ってもらうことを目的としたもので、予備調査などではこれを用いることが多いでしょう。ある程度質問項目を設定し、そこから派生したことなども聞き取る場合、半構造化面接を行います。質的研究のインタビューの多くは、これを用いています。構造化面接は、決められた質問項目を埋めるインタビューで、いわゆる質問紙調査の面接法がこれにあたります（統計的分析＝数量的研究ということになります）。本節では非構造化面接（予備調査）、半構造化面接（本調査）に分けて、説明します。

（1） 非構造化面接（予備調査）

あるテーマについて、図書館の本や新聞、あるいはネット情報（第3章参照）などで調べきれない場合、そのことに詳しい人に尋ねます。これが予備調査となります。

インタビューは最初に語ってくれる人を探し出すのが最も難しく、それは多様なテーマで調査研究してきた筆者自身も同様です。しかし、1人に出会うと、その後はスムーズに展開することが多いようです。学生なら、指導教員の紹介や知人通じてなどの方法もあります。見ず知らずの人でも宛先を見つけられれば、手紙で「こういう理由で調査研究したい」と打診し、その後、電話するなり、訪問して会ってお話をするという段取りで進められます（章末に参考資料として、研究協力者の上司に宛てた調査訪問の依頼状をつけました。依頼状では、いわゆる5W1Hの内容、すなわち、いつ（When）、どこで（Where）、誰が（Who）、何を（What）、なぜ（Why）、どのように（How）したいのかを簡潔に明示しましょう）。

　メールあるいはLINEなどのSNSツールを用いることもありえます。ただし、自分たちが日常用いる情報ツールをそのまま使うべきかどうかは、よく考えて判断してください。

（2）半構造化面接（本調査）

　インタビューはできるだけICレコーダー等で録音しておきましょう。その場で聞き取れたと思っても、録音を聞き直すと、聞き逃しも結構見つかります。このタイミングでこういう質問をすべきだったと後悔することもあるでしょう。数多く調査を経験していてもあります。その日の状況、相手と自分のタイミング、もろもろの条件があるので、必要に応じて、補充調査をしてください。

　インタビューの場所は、録音を考えると静かな場所は基本ですが、語り手がリラックスできる場所にしたいです。筆者自身、研究室や会議室以外、喫茶店、公園なども経験しています。他人の会話が邪魔なレストランでせざるを得なかったとき、文字起こしに悪戦苦闘したことは言うまでもありません。

　語り手の立場から見れば、ある程度自由に語れることが重要です。ただ単に自由に語るとなると取り留めがなくなるので、調査内容を事前に説明し、テーマを限定しておく必要があります。語り手は誰もが、その人生分の経験をしています。その中からテーマに関するものだけを、制限時間のなかで聞き取るわ

けです。語り手を選び、調査を受諾していただいたら、相手に「こういう質問をする」と述べ、事前に準備していただくことは大事です。あとは、聞き手として、合いの手を打ちながら進めましょう。筆者は、インタビュー前に語り手に関する予備知識（名前、年齢、職業他）をある程度覚えておくことで、スムーズに質問できたという経験を持っています。

　人間関係は、質問紙調査で統計的な割合（パーセント）で示す研究とは大きく違います。顔の見える調査が質的研究の大きなポイントです。顔がお互いにわかっている状態は、協力者選定の段階からすでに始まっています。

（3）　データ収集のまとめ方

　調査の回数を重ねると手許のデータは増えます。それをどう整理・保管していくか、暫定的にどこで止めるのかも、調査の前に想定しておきましょう。

　基本的に仮説検証（用語集参照）する質問紙調査ならば、立てた仮説にもとづいた質問項目を掲載した質問紙に記入してもらい、それをまとめてデータ化して、数値にして結果を分析することで、結論が出ます（その続きもありますが）。しかし、質的研究の場合、構造上、どこで終わるかをスタート時点では予測しにくいものです。質的研究の看護学テキスト本などでよく示されているのは、自分の分析についてスーパーバイザーに見て判断をしてもらうことです。それを考えると、共同研究でお互いに相談しながら着地点を見つけるということになります。個人で研究を進める場合、増えていくデータを「理論的飽和」（後述）という段階に至って解決となります。

　もう一つ気をつけたいことは、分析して公表する段階で、データを吟味し、熟成あるいは縮減させるということです。「100のデータを得たうち、2つか3つで勝負しなさい」という比喩は、大学院時代にある教授から言われ、筆者の心にずっと残っている研究の基本的立場です。せっかく集めたデータなので、より多く使いたい気持ちもあるでしょう。しかし、決していいことではありません。仮にデータが100あるとしたら、そのなかで研究のポイントというデータを探しましょう。手許にあるすべてのうち、的確な事例を数件で説明すると、研究に奥行きとか幅広さが出てきます。データの縮減とは、全部消去する

ということではなく、時間的制約のあるなかで集約した内容を示すという意味なのです。

データ記録の質は重要です。きちんと記録したデータで何を説明できるか、いろいろな人々が多様な方法を考え出し、提案しています。皆さん自身が自分の質的研究でどういうアイデアを使うかです。これは探して見つければよいと思いますが、ここまでが必要になってくるでしょう。

3. 質的研究の分類・分析方法

すでに第1章で研究アプローチについて学んでいます。本章では、質的研究としてよく用いられる分類・分析方法を3つ、ごく簡単に紹介しておきます。それぞれ丁寧な解説書がすでに刊行されていますので（文献リストも挙げました）、詳細はそれに学んでください。

（1） KJ法による分類

1960年代川喜多二郎によって提唱されたKJ法は、様々なアイデアをカードや付箋に様々な情報として書き出し、それを分類する方法です。提唱から50年以上経ってもなお、重要な分類法として企業研修などで用いられています。

ラベル作り、グループ編成、図解化、文章化の4段階があります。

観察でも面接でも、収集したデータを1行程度に要約し、内容ごとに1枚のラベル（カード）を作ります。単語より文章としてまとめる方がよいです。付箋を用いることが多いです。

次に、ラベルをテーブルや模造紙の上などに置き、一枚ずつ読み進めます。そして、内容が似ているものを近くに配置します。そしてグルーピングして、そのグループ全体を表す内容を命名します。その表札ができたら、さらに大きなグループとすることもできます。

写真8-1　KJ法でのグルーピング

130 第Ⅲ部 実際に調査研究をしてみよう

続いて、紙やホワイトボードの上で、ラベルを配置し、図解化します。グループ同士の関係を、矢印や記号で視覚的に関係性がわかるように示します（写真8-1）。

そして、最後に、この図解化された内容を文章化します。文章化がうまくできない場合、論理性やカテゴリー間の関係性に問題があるということで再分析も必要なときもあります。

（2）コンピュータ・コーディングの分析

膨大なテキスト・データについて、コンピュータのソフトを使う分析も近年多用され、研究成果も続々出ています。その代表例として、テキストマイニング（用語集参照）の手法にもとづく「計量テキスト分析」を支援するツールとして、樋口耕一が開発・提供している KH coder というフリーソフトウェアがあります（有償サポートの自動設定ソフトもあります）。テキスト型データから、自動抽出された語のなかで出現回数が多いものを「抽出語検索」したり、語と語の結びつきを「共起ネットワーク」として探究します。また、分析者自身でデータの中からコンセプトを取り出し、分析を深めることもできます。例えば、コーディング・ルールを作成し、コード間での結びつきを探る「対応分析」「階層クラスター分析」があります。

作業手順としては保存用データファイルを作成し、続いて分析対象ファイルを準備します。この後、KH coder を起動し、データの前処理、抽出語の取捨選択、分析の実行を行います。

これ以外にも、質的データ分析（Qualitative Data Analysis = QDA）ソフトとしては、NVivo や MAXQDA などが広く利用されています。表8-3は、MAXQDA を用いたデータ例です。

（3）GT法（グラウンデッド・セオリー・アプローチ）

グラウンデッド・セオリー（GTA）と呼ばれるデータ対話型分析は、B. グレイザーと A. ストラウスとの共同考案の後、それぞれが独自に展開した方法です。日本では社会学の分野で紹介され、さらに改良型を考案した木下康仁の

表8-3 コンピュータ・コーディングの例（亀田 2016）

		A	B	C	D	E	コード数
実施背景	生徒からの提案	0	0	1	0	0	1
	生徒からの訴えが少ない	0	2	1	1	0	4
	他校事例を参考にした	0	0	0	1	0	1
	地域で活用が統一	0	0	0	0	1	1
	前任者からの引き継ぎ	2	0	0	0	2	4
	法的根拠	0	0	0	0	1	1
実施目的	心身の健康状態の把握	1	3	1	0	2	7
	積極的な問題把握	0	1	0	0	3	4
個人カードでメリット	多様な観察項目が設定可能	5	4	5	2	5	21
	信頼関係形成ツール	0	0	1	1	2	4
	健康教育ツール	4	4	2	6	2	18
	健康相談活動とつながる	0	0	4	0	3	7
	気になる子を優先的に把握できる	0	0	0	0	2	2
	全校生徒の様子が把握可能	1	1	0	1	0	3
	プライバシー保護が可能	3	2	4	1	1	11
	訴えがある	1	0	3	2	1	7
	書き方から生徒の様子が把握できる	1	1	4	0	5	11
	コミュニケーションが取れる	2	1	7	3	4	17
	教職員の意識が変化	0	0	2	0	0	2
個人カードデメリット	予算の問題	0	0	0	0	1	1
	全体把握できない	0	1	0	3	3	7
	時間的負担が大きい	1	2	1	2	1	7
一覧表メリット	担任も把握できていた	1	0	1	0	0	2
	振り返りが簡便	0	0	0	2	0	2
	全体把握が可能	0	0	0	2	3	5
	他者の健康に興味・関心が持てる	0	0	1	0	1	2
	時間的負担が小さい	0	0	1	0	1	2
一覧表デメリット	プライバシー保護できない	0	0	0	1	3	4
	多様な観察項目は設定困難	0	0	1	0	0	1
	訴えづらい	3	3	3	2	1	12
情報共有	教職員	1	1	0	0	2	4
	学級担任	1	3	6	0	2	12
	保護者	1	0	2	0	0	3
学級担任との連携	確認を依頼していない	1	1	0	1	0	3
	確認を依頼	0	0	2	0	4	6
教科担任との連携	–	0	0	0	0	2	2
マンネリ化防止	生徒の意見を取り入れる	0	0	0	0	4	4
	観察項目の改善・工夫	3	3	0	2	0	8
生徒の変化		3	0	3	5	4	15
学校規模の関連	小規模校限定の方法	1	2	0	1	0	4
	生徒数が増えても実施可能	0	0	2	0	0	2
	合計	36	35	58	39	66	234

「修正版GTA（M-GTA）」が社会福祉学の領域でとくに普及しました（図8-1は学校保健分野の例）。また、看護学分野でもそれを学んだ先達が解説書を示し、その利用が進められています。

データに根ざして（grounded on data）、概念を作り、概念同士の関係性をみつけて理論を生成することをめざす方法です。その流れとしては、「データ収集とテキスト化」「データの切片化」「オープンコーディング」「アクシャルコーディング」「選択的コーディング」「ストーリーラインの作成」という分析を進めます。その際、データを「プロパティ（内容や領域）」と「ディメンジョン（程度や頻度、具体的な内容）」の2側面から分析します。このように手続きを厳密にし、言語データを分析単位に分析して、分析する研究者が、データから距離を置いて研究できるようにしました。

M-GTAは、対象者ごとの比較やデータの切片化を廃止し、「人間をできるだけトータルにとらえること」をめざしました。

分析テーマにあっている一人の対象者のインタビュー等の文字データを丁寧に読み込みます。次に、コーディング（概念生成）として、意味ある単位ごとに名前を付けます。一文もしくはそれより短い単位でまとめます。そしてその概念の定義を考えます。ある程度、概念が生成されたら、対極のものや類似

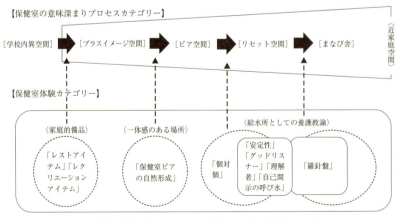

図8-1　頻回来室者にとっての保健室の意味深まりプロセス
GTAの図（酒井・岡田 2004）

第8章　質的研究を行う　*133*

のものを比較していきます。そして、もうこれ以上新しい概念は生成されない状態「理論的飽和」になると、次の階層化の段階となります。近接する概念を集めてカテゴリーを作るのです。先のものは他と合わせて分類されます。その結果を、ストーリーラインとしてまとめます。分析結果の概要を、カテゴリーや概念、その定義を用いて記述したものです。それがわかるよう（　）や【　】を表記します。

4.　筆者の調査の一部から：ライフヒストリー分析

　本節ではライフヒストリー法を具体例で説明します。養護教育学の研究ではあまり用いられないかもしれませんが、インタビュー法の例として挙げておきます。

　ライフヒストリーは、ある個人に対してその個人の歴史を、長い時間をかけてその解釈を含めて聞いていくものです。個人の生活史を追うため、生年月日、定位家族（生まれた家族）の状況、生育歴、学歴・職歴、生殖家族（自分で作っていく家族）の状況、現在に至るまでの履歴を聞きます。その中で、主たるテーマについて詳しく聞きとっていきます。

　「これまでの人生をお聞かせください」と漠然と尋ねても、答えにくいでしょう。そう考えると、答えやすい質問をすることが大事で、項目はある程度決めていく必要があります。その項目を全部頭の中に入れ、語りやすい方向から話すように進めるのがよいのです。（私たち自身、日常でよく経験するように）インタビューは脱線することが多々あります。それを、必要な話題に戻しつつ、修正していきます。最終的に、語り手側が満足してしゃべり切ったときに、予定していた質問項目が全部埋まっている状態が理想です（筆者自身、全部の調査でそれができている訳ではありません）。

（1）　ライフヒストリー調査と考察

　以下は、拙著単行本に掲載した男性養護教諭第2号の個人史について、元の論文から、再構成してまとめたものとそれに関する考察の概略を示します。養

護教諭を退職したある人物（A氏）のライフヒストリーを、彼の語りをもとに再構成したものです。個人や地域、関係諸団体を特定せずに読めるように（ある程度の時代背景は分かる形に）、固有名詞は記号化して提示しました。

「看護師として働く」

　私は、昭和2×年生まれでB市出身です。両親が亡くなって、兄が育ててくれました。高校卒業後、3年制のC医師会看護学校を昭和4×年に卒業して、精神科の看護師として6年間、昭和5×年まで勤めました。当時、男子は内科など他の部署では採用されなかった時代だったんです。精神科には、中学3年生の女子の患者も来ていました。看護師として勤務しているうちに、この子のように病気になってから対応するのではなく、「病院に行かせないようにするため」という思いを持つようになりました。

　看護師の私たちから見たら何ともない子たちなんです。入院するような子ではなく、普通の子と何も変わらないように見えました。病院にそういう子が来てから援助するのではなく、精神科に入院しなくてもよいようにできないかと考え、それで、保健室の教員を目指したんです。

「大学別科で養護教諭免許を取得する」

　養護教諭を目指したときに、看護師資格を持っていれば、1年間別科で学ぶことで、養護教諭免許状を取得できると知って、D大学に入学願書を出しました。受験して、面接があったんですが、そのときに、面接官3人が変なこと言うんですよ。「Eでは男性養護教諭の採用予定はありません」。「養護実習、教育実習を受けてくれる学校が全然ありません」。「第一、男性が受験するなんて思ってもいませんでした」。案の定、その年は、不合格でした。でも、最後に、面接官の1人が、「来年もぜひ受験してください」って言ってくれたんですよね。それで、次の年も受験しました。そしたら、「（男性の）教員採用予定はありませんが、養護実習を受けてくれるという先生が1人現れました。大学付属小学校の女の先生です。それでもいいですか」って。もちろん「いいです」と言いました。そして、D大学に合格しました。

入学後、私と指導教官と２人で教育委員会に行って、男性の養護教諭についての話をしました。でも、希望を与えてくれないようなお話をされました。大きくは３つ。

１つは、「PTAが許してくれないだろう」。それから、「男性は初潮教育できるんですか」。そして３つ目。「女子児童にも触れることあるでしょう。あなたは、触れますか」。

そんなの常識で考えたら分かりますよね。脚とか手は触って差し支えないと思うんです。私は看護師やっていたので、患者さんは、お腹くらいは触らせてくれました。もちろん、女性の胸は絶対触りませんでした。そもそも、女性の導尿なんて男性の看護師はやるわけない。そういうことはわきまえていますよね。ところが、先の発言をした人たちはそんなことも理解できていないんです。そんな不条理な状況でした。

Ｄ大学の別科の同じ学年で男子は私だけでした。指導教官はＦ先生で、すごく応援してくれたんです。Ｅでは男性の採用はないかもしれないけれど、学内を活性化させたいという思いがあったようで、教授会で「男性養護教諭の採用がないけど責任持てるか」って言われたそうですが、「女子ばかりだと活気がないので、男も入れたい」って、頑張ってくれたらしいんです。１年で修了した後、もう１年、助手として残りました。そのときは、トラックの運転手や福祉施設で看護師としてアルバイトをして暮らしていました。

Ｅの教育委員会に問い合わせたところ、男性の養護教諭採用はないということでした。そうしたら、Ｇ県で男性の採用予定があるらしいという情報を得て、Ｇの採用試験を受験したら、合格させてくださったんです。そして、Ｇの小学校に採用されました。

「ベテラン教員のライフヒストリーのポイント」
実際に語って頂いたＡ氏のライフヒストリーは、多岐に亘る詳細なものであった。本稿ではあくまでもターニング・ポイントを中心に記述した。特筆すべき点は幾つもある。

まず、彼が看護師免許を持っていたことである。今後検討することになる他

の男性養護教諭の多くとは異なった経歴から養護教諭になっている。彼の養護
教諭としての現場経験は10年に満たないが、その背景には、病院での看護師
経験と、看護教員としての10数年の勤務がある（さらに、クラス担任も経験
している）。これらの経験は、彼がその後の高校や小中学校での養護教諭経験
に大きなプラスをもたらしたことは言うまでもない。

　養護教諭の資質能力形成過程の研究からは、性格的資質（前向き、素直、謙
虚、慎重、強い意志）、学習資質（努力、向上心、自己成長）、専門能力（連携
能力、対応力、情報管理能力、観察力、判断力、行動力）等が見いだされてい
る。本稿でもライフヒストリーを見るなかで、A氏には、上記の能力がすべて
含まれていることが理解されよう。とくに、前向きなところや、連携能力、行
動力面で彼は卓越している。さらに情報発信能力にも優れており、講演活動の
みならず、M高校在籍時代以降、彼の存在は、後に続く男性養護教諭志望者
にとって、理想的な存在となっていた。

　さらに彼の保健室経営の方法も特徴的である。決して男性養護教諭だけに適
応するものではなく、彼は現役時代、研修会等で保健室経営に関する講演を何
度も行っている。彼は既婚者でもある。また、M高校勤務時代の彼の年齢は、
生徒たちにとって保護者世代に相当する。一般の教員でも、彼らの個人的な属
性で、児童生徒の認識も異なる。男性養護教諭においても、既婚未婚の別や年
齢ごとの差異は、彼らの養護教諭としての資質以外の要素として、今後考慮す
る必要があると思われる。

（2）インタビュー調査をどうまとめるか

　上記のように、何度も何度もうかがったインタビュー・データを、語り手に
確認して事実確認をしてもらうと同時に、時代背景などを聞き手側もチェック
します。そして、一人の人生の断片を、ある視点をもってまとめ、ポイントと
なる部分を考察します。

　ライフヒストリーの提示の仕方も分析方法も多様にありますが、ここでご紹
介したものは、ある個人の葛藤と挫折、そしてそれの乗り越えの姿です。男性
養護教諭という珍しい環境にある方でしたが、普遍的なところも多々あろうか

と思います。

　筆者の研究分野の一つ宗教社会学において、集められたライフヒストリー・インタビューのデータをまとめ、入信・回心・脱会のプロセスを描いた研究があります。人はどのようにある信仰を受け入れたり、その信仰を離れたりするのか。日本のように信仰を持つ人が全体の3割弱という社会では、そのことを理解するのも難しいかもしれません。しかし、プロセスを明示化することで理解しやすくなります。筆者自身、「信仰のグラデーション」という提案をし、信者類型を示したこともありますが、他者理解ということにおいて、モデル提示は大事で、質的研究における分析の到達点がそれだと思います。

おわりに：質的研究の楽しさ

　他者が読みたいと思う質的研究は、完成まで時間がかかりますし、そもそも研究として、主観・客観問題が常に付きまといます。その脱却のために「数量化」という方法をとり、先に説明したコンピュータ・コーディングもその応答の一つと考えられています。妥当性と信頼性という語も質的研究において常に考えておかねばならないことです。そのデータが議論を進めるうえでゆるぎなく堅実であるかどうかが妥当性、他の誰かが行ったとしてもその結果が示せることが信頼性です。

　筆者自身は説得力の問題だと思っています。主観・客観を越え、読者に対して「ああ、なるほど、これだ」と示せれば、よいのではないでしょうか。

　なぜ、社会学者中野卓『口述の生活史』がたった1人のデータで、あれだけあの時代に有効だったかというと、あの著書には、近現代日本のリアルが描けており、有無を言わさぬ説得力があったからです。いま私たちは、そのような説得力のあるものはなかなか生み出せないかもしれません。しかし、社会学や文化人類学、歴史学などの作品群には、いくつも説得力があって訴えかける研究があります。そういうものを読者の方々に与えられるものであれば、主観・客観という議論はなく、「納得」となるでしょう。

　インタビューを行い、文字に起こし、整理して一つのストーリーにまとめて

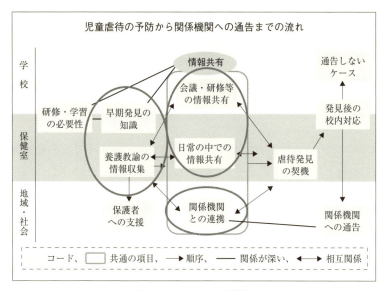

図 8-2　KJ 法でできあがった分類例（田野 2018）

いく作業をそれこそインタビューにかけた 10 倍以上の時間をかけて行います。その間には語り手とのやり取りが続きます。何度も何度も他人の人生に向き合います。それも一人ではなく、何人も何人も。ですが、そういう作業をしてくると、あるとき、何か大切なキーワードが浮かび上がってくることもあります。また、「データが呼んでいる」という感覚になることもあります。それは、周囲の研究者と話していくと何人もが体験しており（ただ、そういうことは文字化して説明するものでもないようで）、筆者の独りよがりということではないようです。

　そういう目線で分析していくというか、データを見ていくことが必要だと改めて思います。データと向き合うこと、これは質的調査でも量的調査でも同じなのでしょう。その意味でも、テーマが調査方法に優先し、テーマに適切な方法であれば、数量的研究でも質的研究でもかまいません。

　調査方法・分析方法を詳しく学ぶと、統計的分析する質問紙調査において、文字で記述された自由回答（質的データ）の扱いはどうするかとか、コン

ピュータ・コーディングで文字記録（質的データ）は数値化して分析されている（数値分析）などの疑問もあるかもしれません。筆者の専門領域「社会学」では調査方法について、20 年も前に量的・質的という二分法が疑問視され、単純に区分けできないとの理解が常識化しています。

　本書では、『学校保健研究』の特集でも「質的調査」との説明があることから、質的研究（本章）と数量的研究（第 6 章）を分けて説明しました。量的・質的の二項対立的図式脱却のために、双方を組み込んだ、ミックスされた方法も提唱されています（トライアンギュレーションなど）。筆者自身は多くの研究で、量的・質的両方を使ってきました。読者の皆さんも、ぜひ両方を身に付け、テーマに合わせて選んでアプローチしていただければと思います。

やってみよう

・質的研究による論文・単行本を読んでみよう（本書で紹介している論文・単行本もしくは、第 3 章で学んだように文献検索を利用しよう）。
・あるテーマ（初職のときの葛藤経験など）で、誰かにインタビューし、それを A4 用紙一枚程度でまとめてみよう。

文献

亀田えりか、2016「中学校における朝の健康観察に関する一考察 ― 個人カード活用事例から」『鈴鹿短期大学専攻科平成 27 年度健康生活学専攻修了研究論文集』

川又俊則・市川恭平、2016『男性養護教諭がいる学校 ― ひらかれた保健室をめざして』かもがわ出版

酒井都仁子・岡田可奈子、2004「中学校保健室頻回来室者にとっての保健室の意味深まりプロセスおよびその影響要因」木下康仁編『分野別実践編グラウンデッド・セオリー・アプローチ』新曜社

佐藤郁哉、2008『QDA ソフトを活用する実践質的データ分析入門』新曜社

田野エリヤ、2018「小学校における児童虐待の早期発見に向けた取り組み ― 養護教諭の活動を中心に」『鈴鹿大学短期大学部専攻科平成 29 年度修了研究論文集』

中嶌洋、2015『初学者のための質的研究 26 の教え』医学書院

樋口耕一、2014『社会調査のための計量テキスト分析 ― 内容分析の継承と発展を目指して』ナカニシヤ出版

140 第Ⅲ部 実際に調査研究をしてみよう

福島哲夫編、2016『臨床現場で役立つ質的研究法 ― 臨床心理学の卒論・修論から投稿論文まで』新曜社

依頼状の例

20××年○月○日

○○小学校
校長 ○○様

養護教諭のライフコースに関する調査訪問のお願い

拝啓 時下ますますご清栄のこととお慶び申し上げます。さて、私は三重県で養護教諭を養成している大学の教員です。
…（一部省略）…
　貴校にお勤めの○○先生にも、貴重な経験をお伺いいたしたいと存じます。唐突な申し出で申し訳ございませんが、訪問調査について、ご検討くださいますようお願い申し上げます。
…（一部省略）…

敬具

記

1. 日　時　　20××年○月○～○日のいずれか
2. 場　所　　貴校保健室もしくは指定された教室・会議室等
3. 内　容　　教員採用試験合格に至るまでの状況
…（一部省略）…

鈴鹿大学こども教育学部
教授　川又　俊則

〒510-0298
三重県鈴鹿市郡山町 663-222
電話　059（×××）××××
E-mail　×××@××××

コラム8　新たな図書館へ

鈴鹿大学短期大学部　石川拓次

　三重県の図書館では図書館の活性化事業として様々な取り組みを行っています。鈴鹿大学の附属図書館も毎年参加しており、図書館を通じて地域と大学を繋げる活動を行っています。昨年度は、「からだにいいサプリメントは図書館にあり！」ということで、図書館にあるからだにいいサプリメント（健康に関連した本など）を紹介しながら、学生達に一般の方々への健康チェックや子ども達を対象とした歯磨き指導を行ってもらいました。学生達は子ども達や地域の方々とふれあい、楽しい1日を過ごしていました。

　そして、全国の図書館でも様々な取り組みが行われています。これらの取り組みには新たな図書館の役割が垣間見られます。ただ本の貸し借りをするだけではない、図書館を通じて人と人とをつなぎ、地域の輪を広げていくことができるようになっています。ここではその一部を紹介し、これからの図書館について考えてみましょう。

＊東海・北陸地区での県立図書館間定期便設置〜東海・北陸5県内の図書館蔵書4,403万冊を相互貸借〜（愛知県図書館）

　愛知県図書館および東海・北陸の各県の図書館で蔵書の相互貸借を行うために、郵送便を確保しています。平成14年度から愛知県から岐阜県、三重県へ片道搬送が開始され、平成16年度から19年度にかけて愛知県と富山県、三重県、岐阜県、石川県との往復搬送が開始されました。愛知、富山、石川、岐阜、三重県内にある305の県立、市町村立図書館、4,403万冊の図書を無料で相互に利用することができます。

＊絵本を通した子育て・ボランティア支援を目的とした「こども図書館」（千葉県柏市立図書館こども図書館）

　こども図書館は、乳幼児および保護者を主な利用対象者としています。そのため、従来の「貸出中心型」ではなく、子育て・母子保健等の行政を中心とした「課題解決支援型」図書館を目指して事業計画が策定されました。このことから、市の子育て関連部署や保健所と連携した事業を実施しています。

第9章

事例と解読 ― 質的調査　笠井論文を読んで

小川真由子

本章のめあて

・質的研究の進め方がわかる。

・研究計画を作成することができる。

・質的研究の論文を読み取ることができる。

は じ め に

　第8章では質的研究について述べられてきました。質的研究とは、「非数値データ」を扱う研究であり、五感を働かせて研究対象をまるごととらえる方法だと示されていました。本章では、前章を参考にしながら、鈴鹿大学短期大学部専攻科2016年度修了研究論文集に掲載された「性別違和感を持つ子どもたちの学校生活での困難 ― 性同一性障害当事者の視点から ― 」(笠井瑞紀2016) を用いて質的研究について読み解いていくことにします。

　実は彼女こそ、第1章の第4節「研究材料探しの視点」に登場したBさんなのです。なぜこのテーマに焦点を当てて質的研究を行ったのか、もう一度振り返りながら見ていきましょう。

1. 研究の意義と位置づけ

　彼女の場合、このテーマにしたきっかけは、友人からのカミングアウトだったことを第1章で述べました。将来養護教諭を目指す自分はそのような相談を受けた時に何ができるのかという思いから、研究材料へと昇華させた経過を「はじめに」や「序論」で述べます。友人からのカミングアウトがきっかけとなったことは事実ですが、論文では私的な理由などは述べる必要はありません。性の多様性についての社会的関心の高まりについて触れ、学校現場での可視化されつつある性同一性障害について、高知県での性的マイノリティ児童生徒に対する受験票に関する話題を挙げ、このテーマの調査研究の有用性を述べています。

〈第1パラグラフ〉

> 　近年、性の多様性についての社会的関心が高まり、性的マイノリティに関して、メディア等で取りあげられる機会も増えている。
> 　2016年2月に、高知市に住む性同一性障害の中学3年の生徒に対し、高知県教育委員会は、県立高等学校受験の際、願書や受験票に本人の希望する性別や名前を記入できる措置を取る方針を決めたとの報道があった[1]。性的マイノリティの児童生徒へこのような学校側の配慮がみられるようになったのは、以下のような背景があるからではないだろうか。幼児期、児童期の受診者の増加や諸外国での実績などに鑑み、二次性徴抑制治療および望む性別の性ホルモン療法への移行について2012年に「性同一性障害に関する診断と治療のガイドライン（第4版）」に明記[2]され、ホルモン療法開始年齢が、条件付で15歳に引き下げられた。ここで二次性徴抑制をはじめとする身体的治療は、性別違和感に伴う本人の苦悩を軽減し、社会適応を改善するための手段にすぎず、学童期の受診者に対応する場合、学校生活での性別取り扱い全般に対する包括的介入を同時に行わなければ、治療が半減してしまうケースが多いと述べられている。

　次に文部科学省の通知を引用して、学校現場での性同一性障害に対する対応の指針を述べています。

144 第Ⅲ部　実際に調査研究をしてみよう

〈第2パラグラフ〉

> 　文部科学省は、2010年に「児童生徒が抱える問題に対しての教育相談の徹底について」という通知を出し、性同一性障害の児童生徒に対する配慮の必要性を記載した。2013年には国公私立の小・中・高等学校、中等教育学校および特別支援学校を対象とした実態調査を実施した。2014年に「学校における性同一性障害に係る対応に関する状況調査について」という調査結果から、性同一性障害に係る児童生徒に関する報告があった。そして2015年に「性同一性障害に係る児童生徒に対するきめ細やかな対応の実施等について」を通知した。2016年には教職員向けQ&Aのパンフレットが配布された。これを通じて、学校現場でも性同一性障害に係る児童生徒など多様な性の問題と対応が可視化されてきた。

　そして、最後のパラグラフでは、先行研究を引用し、性同一性障害について「教える必要性がある」と感じているにもかかわらず、実際に授業で取りあげられていない事実が明らかになった調査結果を述べ、学校現場の教職員の困惑感を記しています。

〈第3パラグラフ〉

> 　しかし、日高らが2011年から2013年に行った教職員5,979名を対象にLGBTに関する意識調査[3]によると、性同一性障害については73.0%の教職員が「教える必要がある」と回答しているが、実際に授業でLGBTを取りあげた者は13.7%と極めて少ない結果だった。最も多かった取りあげない理由に、「教える必要性を感じる機会がなかった」42.3%、次いで「同性愛、性同一性障害についてよく知らない」26.1%であった。このことから、学校現場では性的マイノリティに関する支援が求められているものの、教職員はどのような支援をすればよいのか分からず、手探りの状態で困惑感がうかがわれる。

　このように、一般的には社会的な背景や課題、先行研究でこれまでに明らかになっていることなどを示しながら、研究の必要性を書いたうえで、自分の研究についてのオリジナリティーや他の研究との違い、どこまで明らかにしたいのかなどについて記すと流れが作れるでしょう。

　次に、研究の意義として目的を明記します。書き方によっては、「はじめに」の部分に書き加えてしまう場合もあります。今回の場合、性同一性障害当事者

の学校における支援を考察することを目的として、3つのことを明らかにしたいと明記しており、調査の焦点を絞っています。その後のなお…と続く文章では、性的マイノリティでは対象の幅が広がりすぎるため、性同一性障害に的を当てることを追記し、後の「5. 用語の定義」として詳しく述べています。

〈Ⅱ. 研究の目的〉

本研究では、性同一性に違和感がある性同一性障害に着目し、学校における当事者を対象とした支援を考察することを目的とする。特に次の3つのことを扱う。
① 当事者が学校生活の中で違和感を持った内容。
② 当事者が性的マイノリティについて知りたかった時期。
③ 当事者の悩みに関する発達段階と必要な支援の内容。
なお、本研究では対象を性的マイノリティの性同一性障害に限定した。その理由は2つある。1つは文部科学省の通知で性同一性障害に係る児童生徒への調査がされ、問題がより大きいと考えたからである。もう1つは、筆者の周辺に性同一性障害の研究協力者がいたからである。

目的は論文の核となりますので、明確にかつ簡潔に記すことが読み手に取って分かりやすいでしょう。たくさんの要素を書き連ねてしまうことは複雑化され、目的がぼやけてしまうことになりますので注意しましょう。

2. 調査の概要―研究対象と研究方法―

調査の概要は、目的を達成するために、何をあるいは誰を対象に、どのような方法で、どんな調査を行ったのか、行った時期はいつなのか、などについて書き記します。この論文では、「Ⅲ. 研究対象と研究方法」と章立てをして、調査対象、研究方法、倫理的配慮、分析方法、用語の定義と5つの節に分けて書いています。

〈Ⅲ. 研究対象と研究方法〉

1. 調査対象
性同一性障害を表明した人に対して「幼児期から現在」までのライフヒストリーにおいて、特に学校生活の中で違和感を持った内容を中心に聞き取る調査

146 第Ⅲ部 実際に調査研究をしてみよう

を行った。

　研究協力者は、性同一性障害の5名で、全員が20代のFTMである。

　中塚は2010年、性同一性障害当事者1,167名に調査した結果、約9割が中学生までに性別違和感を自覚しており、とくにFTM当事者は、小学校に入学した時に7割がすでに性別違和感を持っていたことが分かっている。また、「性同一性障害当事者における自傷・自殺未遂、不登校の経験が高率である」[4]と述べているとの報告がある。このことから、性別違和感を早い段階から持ちながら学校生活を過ごしていた筆者周辺のFTMの研究協力者を機縁法にて選出した。

　対象者について、人数、年代、性同一性障害における分類（FTM）について情報を記載しています。中塚の引用を用いることによって、今回の対象者は自分が性同一性障害として自覚していることが年齢的に特別ではないこと、また性同一性障害当事者が自傷・自殺未遂、不登校の経験が高い報告から、学校生活に何らかの困難感を抱えているのではないかという予測ができ、今回の調査内容を達成するための研究対象者としてふさわしいことを述べています。そして、目的の最後に述べている「筆者の周辺に性同一性障害の研究協力者がいた」ことから、研究対象になり得る人物を紹介してもらう機縁法によって研究協力者を募ったことが分かります。インタビュー調査などの質的調査では、研究対象者が多くない場合もあり、それゆえ対象者に偏りがないか、選定方法は詳細に明記すべきです。

2. 研究方法

　2015年12月から2016年2月に、性同一性障害の5名（FTM/20代）を対象に半構造化面接を実施した。その際に研究協力者の同意を得た上で、ICレコーダーを用いてインタビュー内容を録音した。インタビュー後はインタビュー内容を逐語化した。内容の妥当性、信憑性を確保するため研究協力者に内容確認を依頼し、加筆・修正のあった箇所を訂正した。そして確定したものについて質的分析ソフト「MAXQDA11[5]」を用いて分析を行った。

　次に調査の方法として、調査時期と調査方法、分析方法についての情報を記載しています。半構造化面接とは、第8章にも紹介がありましたが、面接者があらかじめ決められた質問内容を用意しつつ、対象者の回答に合わせて柔軟に質問内容の追加や質問順番などを変化させていくという方法です。時間の制限

や、面接環境などの条件もある中で、自分が知りたい情報をうまく聞き出せるかどうかは、面接者次第ということもあります。加えて面接者にとっても、初めて会う対象者にとっても緊張することが予測されます。面接のリハーサルや時間調整など、事前の準備をしっかり行うようにしましょう。

　そして、インタビューの次に待っているのは逐語録作成です。ICレコーダーに録音された内容をひたすら文字起こしする地道な作業です。しかし、この作業中には面接時の振り返りもできるため、反省点などを次の面接に活かすことができる大事な工程となります。面接後は記憶が新しいうちになるべく早めに逐語録作成作業に取り掛かるのが良いでしょう。文字起こしが終わった後は対象者に内容の確認を行ってもらいます。話し手と聞き手で受け取り方の違いや、意味のすれ違いなどはありがちです。複数回にわたり、確認作業を行うことはよくあることです。

---

3. 倫理的配慮

　本調査で個人が特定されないことを約束し、会話が外部に漏れないような部屋で実施した。またデータは厳重に管理すること、データは研究の目的以外には使用しないこと、録音したデータは本研究終了後消去すること、また回答したくない質問は回答しなくてもかまわないことを文書にて明記し、同意を得て実施した。

　これまでに何度も倫理面についての言及はありましたが、今回も人を対象としているため、倫理的配慮については必ず明記する必要があります。得られた情報はすべてデータとなり、個人情報そのものですので、厳重な取り扱いが必要になります。分野によっては表記の仕方に差異があり、いろいろな論文を読んで参考にするとよいでしょう。

---

4. 分析方法

　逐語化したデータについてMAXQDA11を用いてコーディング、カテゴリー化を行った。筆者によって抽出された意味単位・編成されたカテゴリー群の妥当性を確保するために2名の指導教員に分析内容の検証を依頼した。

　MAXQDA11（QDAソフト）とは、主として、インタビューの内容を書き起こした記録あるいは新聞や雑誌の記事のような、文字テキスト情報を文章型データベースとして体系的に整理し、分析するために開発されたコンピュータ・プログラムの一つである。

---

148 第Ⅲ部 実際に調査研究をしてみよう

　ようやく完成された逐語録データを様々な方法で分析し、結果を導きます。ここでは質的分析ソフト「MAXQDA」を使用して分析していますが、詳細は第8章を参照してください。彼女の場合は学生の立場でこの論文を執筆していますので、指導教員に分析内容の検証を依頼しています。通常は複数で検証を行うことが望ましく、共同研究者がいる場合は問題ないのですが、単独研究の場合は先行研究を引用・比較するなど、分析内容に偏りが生じないように注意を払う必要があります。

---

5. 用語の定義

　一般的に私たちは、青年期までに性同一性を獲得する。性同一性（gender identity）とは、性別に関する自分自身の統一性・一貫性・持続性をいい、次の三つの構成要素からなる[6]。一つ目は、中核的性同一性（core gender identity）で、自分が男あるいは女であるという自己認知と基本的確信、二つ目は、性役割（gender role）で、社会的・文化的レベルでの性別に基づく役割期待および役割遂行、三つ目は、性的指向性（sexual orientation）で、性的な興味・関心・欲望の対象が異性・同性・両性のいずれに向いているかである。

　この論文の中で使用されている言葉のうち、性的マイノリティ（sexual minority）とは、性にまつわる場面で、現在の社会の中での「多数派」にあてはまらない「少数派」にあてはまる人々を指し[7]、LGBTとは、レズビアン（Lesbian）、ゲイ（Gay）、バイセクシュアル（Bisexual）、トランスジェンダー（Transgender）の略称であり、性的マイノリティの代表的な名称である。また、性別違和感とは、生物学的性別と性同一性が一致せず、様々な内的混乱や葛藤を抱えてしまう状態である。さらに、性同一性障害（Gender Identity Disorder）とは、生物学的性別と性同一性の中に含まれる中核的性同一性が異なる状態にあり、著しい性別の不一致に対する精神医学上の診断名であり、FTM（female to male）は、生物学的性別が女性で中核的性同一性が男性である人をいう。

　用語の定義に関しては、必ずしもすべての論文で書かれるわけではありません。しかし、用語に揺れ（例：子供 or 子ども or こども、障害 or 障がい）が生じていたり、用語の使用において読み手の混乱を招く（虫歯 or う歯 or う蝕）ようなことが予測される場合は、明記することが望ましいでしょう。今回の場合は性同一性についての説明を明記した上で、性的マイノリティ、LGBT、性別違和感、性同一性障害の定義を述べています。専門的な用語が多い場合は、論文を読み進めるにあたって最低限の基礎知識を簡潔にまとめていることも多

く見られます。そして最後に今回の対象者であるFTMについての説明が記されており、「Ⅲ. 1. 調査対象」の中の文言の補足ともなっています。

　この部分の表記が確実に書かれている論文は、研究計画が確立されているとも言え、この調査を真似て2次的、3次的な研究が波及されていくこともあります。それは研究者にとって大変光栄なことであり、自分が行った調査研究が認められたと言ってもよいでしょう。しかしながら、実際に調査研究を行っている者は分かったつもりで書いてしまう部分も多く、読み手にとって理解しやすい文章であるかどうかは、研究に関わっていない第3者にその判断を委ねることも一つの策です。

3. 結果を示す

　分析した結果を読み手に分かりやすく、目的に沿った順番で示すことが必要です。大切なのは得られた事実だけを述べることであり、解釈を加えてしまうのは考察になりますので注意しましょう。例えば「Aは○人であった」というのは事実であり結果ですが、「Aは○人もいた」というのは思っていた以上に多かったなどという筆者の解釈が含まれており、考察となります。また、表記方法としては調査した後で得られた結果ですので、過去形にします。分かりやすく項目別にまとめて表記するのもポイントです。大事に温めて得られたデータのお披露目場ですので、伝えたいことを分かりやすくプレゼンテーションする技として、表や図の工夫や文章のまとめ方などを磨いておく必要があります。

〈Ⅳ. 結果〉

---

1. コーディング、カテゴリー結果
　当事者別のコーディング、カテゴリー化の結果を示し、211コード、42サブカテゴリー、12カテゴリーを抽出した（表9-1）。
　コード数が最も多い大カテゴリーは「カミングアウトした時期」であり、32コードが抽出された。そのうち最もコード数の多いサブカテゴリーは「高校」の12コード、次いで「社会人」の11コードであった。

150　第Ⅲ部　実際に調査研究をしてみよう

表9-1　コードマトリックス

		A	B	C	D	E	コード数
性別違和感が 最もあった時期	幼児期	0	0	0	0	1	1
	小学校	0	1	1	0	0	2
	中学校	1	0	0	1	0	2
幼児期／性別違和感の項目	服装	0	1	2	0	0	3
	男女別	0	0	0	1	2	3
小学校／性別違和感の項目	服装	1	3	2	0	1	7
	トイレ	0	2	1	0	1	4
	健康診断	0	0	0	0	2	2
	男女別	0	0	0	1	2	3
	プール	1	3	0	0	1	5
	呼び名	0	1	0	1	0	2
	二次性徴	0	2	2	1	1	6
中学校／性別違和感の項目	服装（制服含む）	4	2	1	3	2	12
	トイレ	0	1	1	1	1	4
	健康診断	0	1	0	1	2	4
	男女別	0	0	2	0	1	3
	プール	1	3	0	1	0	5
	更衣室	0	1	0	0	0	1
高校／性別違和感の項目	服装（制服含む）	2	0	0	0	0	2
	トイレ	0	0	3	0	0	3
	健康診断	0	1	0	1	1	3
	更衣室	0	1	0	0	0	1
性的指向性	幼児期	0	0	0	1	2	3
	小学校	0	4	2	2	2	10
	中学校	1	2	2	1	1	7
中核的性同一性	小学校	1	2	1	3	1	8
	中学校	1	2	0	4	3	10
	高校	0	1	2	2	4	9
情報ツール	学校	0	0	0	1	0	1
	テレビ	1	0	2	0	2	5
	ネット	1	6	1	3	3	14
当事者が学校に求めること	選択化	1	4	2	1	2	10
	相談できる環境	0	1	0	1	1	3
	性的マイノリティについて知ってほしい	3	1	1	3	3	11
いつ性同一性障害について 知りたかったか	小学校	1	1	0	0	1	3
	中学校	0	0	1	1	0	2
いつ性的マイノリティについ て授業すべきか	小学校	1	1	0	1	1	4
	中学校	0	0	1	0	0	1
カミングアウトした時期	中学校	0	0	0	0	0	0
	高校	0	3	2	5	2	12
	学生	1	3	5	0	0	9
	社会人	4	2	0	2	3	11
		26	56	37	43	49	211

　1つ目の項目として「コーディング、カテゴリー結果」を示しています。ここで得られた結果は表9-1にすべて情報が集約されていますが、全部を書く必要はありませんので、重要なポイントや伝えたい数字のみを示すことが求めら

れます。目的に沿った書き方をすることを心がけましょう。表9-1と文章を合わせて読み解いていくと、インタビューから211コード（右下の数字）が得られ、サブカテゴリーが42（表真ん中の幼児期～社会人までの列）、カテゴリーが12（表左の性別違和感が最も合った時期～カミングアウトした時期までの列）抽出されたことが分かります。それらのサブカテゴリーをA～Eまでの5人の対象者ごとに表記しています。このように、図や表を示すときは、何に関する結果なのか、それらがどのようにして得られたものか、図や表の軸およびカテゴリー、数字や記号は何を意味し、どのような結果が得られたのかについての情報を文章で書き示すことが必要です。ここで重要なことは、結果で示したことは考察で述べ、考察で述べる内容は結果を示さないといけません。

4．概念図

抽出されたカテゴリー、サブカテゴリーを用いて、5事例の性別違和感を巡る全体の概念図を作成した（図9-1）。

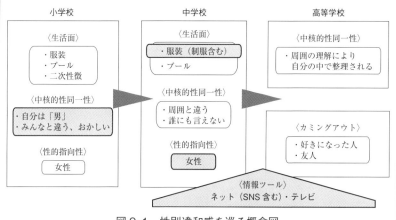

図9-1　性別違和感を巡る概念図

〈　〉はカテゴリーを、角丸の四角はサブカテゴリーまたはインタビュー内容から抜粋した文章をまとめたものを表している。対象者全員に共通するものは太枠で示している。文字数の都合上、カテゴリー名を一部省略している。次の2つの条件を満たしているものを使用して概念図を作成した。①対象者の半数以上である3名以上から抽出されていること、②全コード数と全サブカテゴ

152 第Ⅲ部 実際に調査研究をしてみよう

> リー数の平均値である５を基準として、コード数が５以上のカテゴリー、サブ
> カテゴリーを使用することを条件とした。概念図の左から順に小学校から高校
> までの性別違和感の内容を表している。

概念図として、複雑なカテゴリー同士の関連性などについてキーワードを用
いて視覚で分かりやすく伝えています。図の中にある記号や線の太さなどにつ
いての説明も丁寧にされています。また、概念図に使用する条件も明記されて
おり、データに基づいて忠実に再現された概念図であることが分かります。

> 概念図の概略は以下の通りである。
> 　小学校の段階では、生活面において服装やプール、二次性徴に関することに
> 対して違和感を持ちやすく、「スカートを履きたくなかった」という感想や二次
> 性徴により身体の発育・発達が始まることへの嫌悪感、プールの授業時にある着
> 替え、女子用水着着用への抵抗感などが見られた。このことから生物学的性別と
> 性役割の「女性らしさ」に対する違和感が小学校の段階で見られた。中核的性同
> 一性に対しては５名全員が違和感を持ち、低学年時期には「自分は男だ」と思っ
> ていたという発言もあったが、中学年・高学年と年齢が上がるにつれて身体の発
> 育・発達、恋愛話等の日常生活から「自分は男になれない」「自分は周囲と違う」
> という考えを持つ傾向がみられた。また、性的指向性が同性に向いている自らに
> 疑問や嫌悪感を抱いた経験があると４名が述べていた。…（略）…

続いて、概念図の読み取りを丁寧に書き記しています。小学校についてのみ
抜粋しましたが、インタビューで得られた言葉をそのまま用いて概念図の補足
をしています。概念図を作成するには５人分のインタビュー内容をコードやカ
テゴリーに基づいて、組み立てたり分類したり、関連づけたり位置づけたりす
る大変な作業工程が凝縮されています。筆者である彼女も当然、指導教官と何
度も繰り返し作図を行ったことでしょう。苦労と議論を重ねれば重ねるほど、
深みのある概念図ができ上がることは言うまでもありません。

4. 考察を述べる

　考察は結果から分かることを論理立てて述べます。結果は目的から得られたものですから、その内容に沿って結果が得られた場合はその結果をどう読み取るのか、仮説と比較したり、先行研究から得られた知見を引用したりして「意見」を論述するのであって、「感想文」を書くのではありません。一方、目的に沿った結果が得られなかった場合は、なぜ得られなかったのか、理由や原因究明などについても明記する必要があるでしょう。

　結果は事実だけを書くのに対して、考察では根拠に基づいた推察や筆者の主観なども加えることができます。結果を様々な視点から吟味し、目的に沿った議論を展開することができる場になります。そして、研究の妥当性について審議し、この研究の限界性や一般性があるかどうか、今後の課題などについても述べることが必要です。

---

6. カミングアウトした時期と相手

　先行研究では、小学生以前から性別違和感を持っていた性同一性障害当事者113名に調査をした結果、「小学校の頃には、性別違和感を絶対に伝えまいと思っていた」と回答した人の割合は、MTF 当事者では 50.0%、FTM 当事者では 36.6% と高率であり[9]、本研究の当事者らも小学校の頃にカミングアウトはしていない。本研究では、表 11 において高校の中核的性同一性とカミングアウトした時期が関係性を示している。初めてカミングアウトした相手は、「好きになった人」または、学校の友人であり、学校内で信頼関係のある身近な人にカミングアウトする傾向があると考える。

　ある民間団体の調査によると、性別違和感のある女子が自分自身で LGBT であると打ち明けた相手（複数回答）では「同級生」75% が最も多く、家族では「母親」31%、学校現場では養護教諭 22% が多いという報告がある。また、話さなかった（カミングアウトしなかった）理由としては「理解されるか不安だった」66%、ついで「どう話せばいいのかわからなかった」46% の割合が高かった。D さんは「中学生の頃に同級生に『レズ』と言われた。その時に身体の知識がなかったので、そうではないことを説明できずにいた」と述べている。これらのことから、性的マイノリティの周知とともに、必要であれば周囲に自分自身のことを打ち明ける方法を提供（ロールモデル）することが望ましいことがうかがわれる。

154 第Ⅲ部　実際に調査研究をしてみよう

先行研究での数字を引用し、得られた結果と結びつけています。そのうえで、他の結果と関連付け、初めてカミングアウトした相手は学校内で信頼関係のある身近な人である傾向があるのではないかと推察しています。目的に沿った結果が得られ、筆者の仮説通りであったことを、うまく先行研究を用いて論じています。そして、得られた結果から、性的マイノリティの周知が必要であること、周囲に打ち明ける方法を提供することなどの提案をし、研究の有用性を示しています。

結果に基づいて、説得力のある議論を展開するためには、多くの知見と情報が求められます。そのためには、研究計画を立てる段階で、その分野に通じる文献や論文に精通していることが必要です。様々な角度から結果を見ることができるように、「この結果についてどう思う？」といった議論を持つことも大切です。例えるなら、質的研究において、結果は「材料」に対して、考察は「料理」とも言えます。美味しい料理を作るためにはしっかりと計画を立てて、よい考察のもとになる調理方法や調味料をたくさんそろえる必要があります。深みのある考察を目指して頑張りましょう。

5. ま　と　め

…（略）…性別違和感について誰にも相談できずにいる児童生徒が未だ潜在しており、支援へつながっていないケースもあると予想される。そのため、学校現場で教職員は自らの学校に、性的マイノリティの児童生徒がいるかもしれないという意識を持った対応が必要だろう。その際に、性別違和感を持つ児童生徒を探し出すのではなく、その児童生徒たちが自らの意志で相談しやすい環境を学校全体で整えていく必要がある。また、カミングアウトする人が多い高校時期では、進路相談等も含めた相談活動を重視する必要もあるだろう。

学校現場では、性別違和感を持つ児童生徒の不安軽減、周囲の性的マイノリティに関する間違った知識や偏見をなくすことを目的とした教育活動の第一段階として、性的マイノリティの正しい情報の周知が求められる。また、情報発信は学校のみではなく、家庭や地域にも行っていく必要がある。その際には教職員、児童生徒、保護者が自らの問題として意識できるような授業や資料づくりが重要であることが示されたのである。

結語や結論とも言いますが、全体の要約や得られた結果・考察からの提言、明らかになった課題や、今後の研究の展望等を簡潔に記します。記載がない場合もありますが、これら以外に謝辞などを記す場合もあります。

結果考察を振り返って、論文のタイトルである「性別違和感を持つ子どもたちの学校生活での困難」を支援するために、求められる学校での対応や、果たすべき役割などについて提言を行っています。養護教諭を目指す学生として、彼女がこの調査研究を行い、論文を執筆した経験はきっと将来の現場に活かされていくことでしょう。

さ い ご に

笠井瑞紀さんの論文の一部を提示しながら、質的研究について解説を交えて読み進めてきました。インタビューなどは、とても身近な質的調査の一つであることがお分かりいただけたのではないでしょうか。普段の保健室での子どもたちとのやりとりや、同僚との議論など、質的研究の題材になる内容はたくさんあります。ぜひ、綿密な研究計画のもと、質的研究に取り組んでみて下さい。

やってみよう！
・身近な人に目的をもってインタビューしてみよう。
・インタビューした内容を振り返ってまとめてみよう。
・質的研究の論文を5本以上読んでみよう。

156　第Ⅲ部　実際に調査研究をしてみよう

コラム9　実践を正しく評価して質を高めよう

愛知学院大学　下村淳子

　〈**実践研究は実践を評価すること**〉養護教諭が行う実践は、児童生徒の健やかな成長のために養護教諭が意図的に行う教育活動です。この教育活動が児童生徒にどのくらい影響を与えることができたかどうかを客観的な指標に基づいて評価することを「実践研究」といいます。「研究」というと、「統計」「アンケート」「論文」などをイメージし、「忙しいから書く時間がない」「集計が大変」などと、「できればやりたくない」と思っている方が多いのではないでしょうか。でも「実践研究」は、学校現場で教育活動を実践している教員だからできる重要な研究なのです。

　〈**養護教諭が実践研究をする理由**〉養護教諭は専門職ですが、多くの学校で未だ一人で勤務しているため、相談し評価しあう仲間がいません。また、子どもへの対応や保健指導などの日々の関わりの中で「計画（Plan）」と「実行（Do）」は行っても、実施後の「評価（Check）」をしないと、結果的に改善することができません。自らの実践を実行したことで満足せず、目的に達したかどうかを厳しい目で評価することが、子どもの成長につながる「意味のある実践」にできるのです。

　〈**子どもの変化で評価する**〉それでは、何を基準にして「良い・悪い」を決めるのでしょうか。それは「子どもの変化」です。「養護実践」は「児童生徒の健やかな成長」を目的としているので「子どもに変化を与えたかどうか」が評価の目安です。中には「教職員との連携」とか「個別保健指導の充実」をテーマにした研究もありますが、「教職員と連携した」「個別保健指導を充実させた」ことによって、「子どもがどう変化したか・しなかったか」という事実が大事なのです。よって、実践したことは「方法」に記載し、その結果もたらされた子どもの変化は「結果」に記載します。研究報告の中には、実践が「結果」に記載されていますが、実践そのものは子どもへの介入ですから、「方法」に記載すべきです。この方法で子どもに介入（実践）した結果、良い方向に変化すれば「良い実践」となりますし、期待していた変化がなければ「課題がある実践」となります。しかし、課題をみつけることも「良い実践」に改善するうえで重要なことです。

　〈**実践研究の一例**〉実例をもとに説明しましょう。ある高等学校では保健指導の時間を設けることが難しいため、文化祭を利用して保健指導をする機会を作ってきました。しかし、文化祭の一企画なので参加は自由。養護教諭は参加者を増やすために、参加者の声を丁寧に分析しました。その結果、生徒が興味を持つ内容は見るだけの掲示物よりも、触れたり考えたりできる体験型の内容であることが判明しました。この成果を生かして、体験型の内容を増やしたところ、参加者が年々増加し、文化祭と保健指導のコラボレーションが学校行事として定着していきました。このように課題や改善を捉えることで、実践を充実し広げることができるのです。

第Ⅳ部

学会発表・論文執筆に向けて

第10章
実践報告

強力さとみ

本章のめあて

・学会発表と論文作成の方法から養護教諭の実践研究の意義がわかる。

は じ め に

I　養護教諭の実践と研究の進め方

1. 論文との出会い

　筆者は養護教諭として勤めていた現職中、通信制大学院で学ぶ機会がありました。養護教諭として関わった子どもの事例記録から、養護教諭の専門性について実証的な検討を研究として行うことになりました。

　事例の整理、分析方法、まとめ方なども難しく、時間も必要でした。時には、研究の目的や方法に迷いを感じることもありました。しかし、論文作成を進めるなかで、養護教諭として子どもとの関わりを整理し、養護実践活動の振返りをすることができました。子どもの支援をしていた養護教諭である自分が、子どもから学び育てられていたことに気づかされました。

　修士論文の研究テーマは『相談ルートと連携プロセスからみた養護教諭の関わりの検討 ― 学校不適応行動を示す生徒の事例を通して ― 』とし、2013年度修士論文を作成することができました。そして、この修士論文をもとにいく

第10章　実践報告　*159*

つかの学会で口頭発表を行い、学会誌投稿の論文作成へとつながっていきました。

2.　養護教諭の実践研究の振返りと学び

（1）　保健室に来室する子どもへの養護教諭の対応

　中学校の生徒は、保健室にいる養護教諭のところには「相談」として来室するのではなく、ケガや体調不良などの身体症状を訴えて直接来室します。「相談がある」と言葉で訴えてくる生徒はほとんどいません。言いかえれば、身体症状を訴えれば保健室に来室する理由ができて容易に来ることができるということです。このような来室の背景には様々な医学的要因、心理社会的要因、環境要因が存在しています。

　養護教諭は心と身体の観察によってヘルスアセスメントを行うとともに、養護教諭の根拠に基づいた養護診断により、生徒の「困り感」を見極め、生徒支援の方向性を検討しています。

　養護教諭の保健室での対応については、次のようにまとめられます。

　1）　来室時初期対応

気づく	心と体の観察、ヘルスアセスメント、心身医学知識が基礎	「いつもとちょっと違う」 落ち着かない、涙ぐむ、暴れる
見極める	背景要因の分析と判断	家族関係、学校や友人関係、個人的要因、地域特性
関わる	支援のための対応の判断、医学的知識	「～～しながらカウンセリング」、タッチング
連携	協力して関わる対象の理解とタイミング	日常からの連絡・連携

　2）　継続的対応 … 保健室登校（児童生徒・保護者支援、学校内連携）
　　　心の居場所（児童生徒支援、学校内連携）
　3）　危機管理的対応 … 児童虐待、拒食症、薬物乱用、自殺願望、精神疾患の疑い、妊娠、自傷行為など

160　第IV部　学会発表・論文執筆に向けて

（2）　養護教諭の対応と記録

　養護教諭は保健室へ来室する子どもへの対応を記録に残しています。本研究は、その事例記録と養護教諭の実践から支援や連携の展開における養護教諭の関わりが研究のもとになっています。対象とした事例は、養護教諭が中学校の保健室で関わった発達面や生活面などで特別な教育的ニーズを有する生徒および不登校や非行などの生徒指導上の問題がある生徒などです。

　養護教諭は、きめ細かい健康観察、客観性のある記録、日常の連絡・連携、連携対象の選択とタイミングなどに気をつけて対応しています。「身体症状」や「困り感」を訴えて保健室に来室する生徒については、養護教諭が生徒の身体的健康の側面だけではなく、必要に応じて心理的側面、学習面などからも関わることになります。このような対応の記録は、養護教諭自身の実践活動を振返ることにもつながります。振返りからの反省や課題は、子どもからの学びとなるのです。

II　「連携プロセス」の展開に関する論文の紹介と解説

　2013 年、強力は日本養護教諭教育学会で以下の論文を口頭発表しました。『学校不適応生徒の事例分析による「連携プロセス」における養護教諭の関わり』（Practice of a *Yogo* Teacher in School Health Counseling and Coordinating Process Using by the Case Analysis of Ten Mal-adjustment Students）キーワードは、養護教諭、健康相談、連携、支援、学校不適応生徒です。発表後、同学会誌への投稿奨励研究に推薦され、2017 年同学会誌へ投稿されました。口頭発表から学会誌投稿までは長い道のりでした。論文作成の経緯と内容について紹介します。

1. 養護教諭の連携に関する先行研究と本論文の研究目的

　養護教諭の連携に関する先行研究では、社会の教育ニーズの変遷や教育の法制度の改革等が、養護教諭のコーディネーターとしての役割に大きく影響を与えるとともに、その重要性が増していると指摘しています。しかし、養護教諭の連携について、連携の定義や具体的内容、連携の必要性とその判断、養護教諭の関わり方等を明確にした上で、具体的な事例に基づいて実証的に検討した研究は多くありません。

　本論文の研究目的は、学校不適応生徒等への支援において、養護教諭の職務の特質を生かした相談と連携における関わり方を事例研究から分析し、養護教諭に求められている役割を明らかにすることです。具体的には、学校不適応行動等を示す事例を分析し、支援の開始から終結までの「連携プロセス」を「相談」「学校内連携」「保護者支援・連携」「学校外連携」の４段階に分類し、養護教諭が担った役割について実証的な検討を行ったものです。

2. 本論文の用語の定義と「連携プロセス」の展開

（1）「支援」「連携」とは
　「支援」「連携」とは、日本養護教諭教育学会用語の解説集（第二版))の定義によると次のようになっています。

　「支援」とは、人々の活動を援助しサポートすることであり、養護教諭として行う支援は、児童生徒一人一人の課題に応じて、直接的・間接的に本人を支え助けて発育・発達を促すこと。
　「連携」とは、多様な分野の個人や組織が同じ目的に向かって異なる立場でそれぞれの役割を果たしつつ、互いに連絡をとり、協力し合って取り組むことである。

（2）「連携プロセス」とは

「連携プロセス」とは、支援の開始から終結に至るまでの間に、学校内および学校外の関係者や関係機関と連絡を取り合って、支援し連携していく過程です。その過程の中で、養護教諭が関わった相談・学校内・保護者・学校外との「連携プロセス」について、第1段階は連携の前段階としての相談とし、第2段階は支援開始後の学校内の連携としました。第3段階は学校内の連携に加えて保護者への支援と連携を実施した段階で、第4段階は学校外の連携としました。

（3）対象と方法

本論文の対象事例は、1997年から2012年までの15年間に、一人の養護教諭が中学校の保健室で関わった学校不適応行動等を示す生徒であり、相談を受けた後に養護教諭が支援をする上で、学校内連携を必要と判断した10事例です。

研究方法は、支援の開始から終結までに、養護教諭が関わった相談・学校内・保護者・学校外との「連携プロセス」について、事例記録をもとに分析を行いました。

（4）研究結果

本論文の研究結果は、「連携プロセス」における各段階の養護教諭の関わりとして以下のことが得られました。養護教諭は、生徒支援・保護者支援とともに、専門的知識に基づいた説明や助言、学校内や学校外の関係機関との連携におけるコーディネーターとしての役割を担っていました。

1）第1段階（相談）

第1段階（相談）においては、学校の中で他の教室とは異なる場である保健室の機能が役立っています。誰でもいつでも利用でき安心して話ができるところである保健室の機能を活用しながら、養護教諭は全校生徒を対象として健康実態を把握しやすいこと、入学時から経年的に生徒の成長・発達を見ながら健康教育や健康相談を実践することができます。身体症状をきっかけに心の問題

を早期に発見しやすいといえます。また、職務の多くが担任をはじめとする教職員や保護者との連携のもとに遂行されます。養護教諭の職務の特質を生かして「相談」に関わり、生徒支援や連携の必要性について判断しています。つまり、保健室の機能を活用し、養護教諭の職務の特質、専門性を発揮した役割を果たすことが養護実践の促進につながるということになります。

養護教諭は、「相談」のはじまりには生徒や保護者の受容や共感、その後、背景要因や小学校からの情報収集、外部機関等との連携の必要性の検討を通して、支援の必要性を判断しています。その際、養護教諭は担任、学校長、特別支援教育コーディネーターとともに支援の必要性を判断しています。「相談」の期間は、事例によって数時間から何日にもなっています。虐待や自傷行為、自殺願望、精神疾患などの危険性が高い場合は、緊急に対応する必要があるので「相談」の時間は短くなります。しかし、問題の見極めが難しい場合は、支援開始までの「相談」の期間が長くなります。

2）第2段階（学校内連携）

担任との連携では、養護教諭は生徒の心身の状況把握と背景要因の分析、情報交換、助言、支援の方向性の検討で、担任の負担の軽減に努めています。支援計画作成や支援体制づくり、役割分担を担う校内組織との連携の中では、養護教諭は子どもの現状についての情報提供と共通理解、支援の方向性の検討に加わるなどの関わりをしています。生徒指導部会、教育相談部会では組織的対応により、担任や養護教諭の負担を軽減しています。スクールカウンセラー、特別支援教育コーディネーター、学習支援員、学校医などの専門的支援者については、それぞれの専門性に応じた支援を担当しています。第2段階（学校内連携）において、養護教諭は情報提供と情報交換、共通認識、支援の方向性の検討、支援の役割分担を行うためのコーディネーターとしての役割を担っています。このようなコーディネーターとしての役割を果たすうえで、教職員はお互いに援助し合う姿勢があれば連携に必要な情報共有もスムーズに進むと考えられます。教職員同士の協力のもと、組織的にチームとしての取り組みが保障されることが望まれます。

3) 第3段階（保護者支援・連携）

　保護者との連携では、連携当初は保護者からの生徒の情報と保護者の思いを聴取しながら支援方法を話し合うことがその内容です。連携の必要性は保護者の心理的負担を軽減することがほとんどです。連携というより保護者への支援の意味が大きい初期段階を通して、保護者から生徒の情報や生徒への思いを聴

表 10-1　「連携プロセス」と養護教諭の関わり

連携プロセス	養護教諭の関わり	養護教諭の連携先
第1段階 （相談）	・保健室の機能を活用 ・養護教諭の職務の特質（全校生徒を対象、学時から経年的に生徒の成長・発達を見る、身体症状をきっかけに心の問題を早期に発見しやすい等） ・生徒支援や連携の必要性について判断	
第2段階 （学校内連携）	・情報提供、情報交換、共通認識 ・支援の方向性の検討 ・支援の役割分担 ・コーディネーターとしての役割	・担任、その他の教職員 ・学校長、教頭、学年会 ・生徒指導部会 ・教育相談部会 ・スクールカウンセラー ・特別支援教育コーディネーター ・心の教室支援員 ・学校医
第3段階 （保護者支援・連携）	・保護者と生徒の家庭や学校での様子を情報提供、情報共有 ・生徒をより深く理解する ・保護者支援を通して生徒支援のための連携	保護者の支援、連携
第4段階 （学校外連携）	・連絡、情報提供、情報共有 ・医療の必要性の助言・医療機関の紹介 ・連携先の紹介や付き添い等の生徒支援	・市教育委員会 ・市教育支援センター ・市子ども課 ・児童相談所 ・サポートセンター ・小学校 ・医療機関 ・スーパーバイザー

くとともに、保護者の気持ちを受容・共感する支援を通して保護者が安定するようになります。すると、子どもと向き合うことが可能になるような保護者の変容が認められ、保護者が支援のための連携の対象に移行していきます。保護者と子どもの両者が支援の対象であった初期の段階から、保護者の心理的な変化を経て連携の対象へと移行し、支援しながら連携もしている重なりの時期がでてきます。しかし、虐待や精神疾患が予測される保護者は、子どもの状況を受け入れられない、協力が得られない場合があり、支援も連携も困難です。

　第3段階（保護者支援・連携）では、養護教諭は保護者と生徒の家庭や学校での様子を情報提供・情報共有し、生徒をより深く理解することです。そして、保護者支援を通して保護者が本来の保護者としての支援ができるよう変容することで生徒支援のための連携も可能にしています。このような保護者との連携では、教職員が協力し合い共通認識を持って対応する必要があります。

4）第4段階（学校外連携）

　学校外の連携先とは、養護教諭は連絡、情報提供と情報共有ならびに医療の必要性の助言、医療機関の紹介や付き添いなどの生徒支援を担っています。学校外の専門家や関係機関との連携では、連携先の専門性や手続きなどの理解が不可欠といえます。

　「連携プロセス」におけると養護教諭の関わりをまとめると、表10-1のようになります。

3．本論文のオリジナリティ

　「連携プロセス」の4段階は、学校内外の人や組織と連携し生徒への支援の輪を拡げていく横の連携といえます。一方で、就学前、小学校の担任や養護教諭、中学校卒業後の特別支援学校・高等学校との情報共有は、時間の切れ目のない生徒支援をつなぐ縦の連携への対応といえます。連携の展開における養護教諭の関わり「横の連携と縦の連携」を図10-1に示しました。

166　第Ⅳ部　学会発表・論文執筆に向けて

縦の連携（支援のつながり）

中学校卒業後（高等学校等）				
連携プロセスの段階	第1段階	第2段階	第3段階	第4段階
内容	相談	学校内の連携	保護者の支援と連携	学校外の連携
対象	生徒 担任等	学校内	保護者	学校外
養護教諭の関わり	・保健室の機能を生かした健康相談 ・ヘルスアセスメント ・担任への助言 ・背景要因分析 ・支援必要性の判断	・情報提供と共通認識 ・支援の方向性の検討 ・支援の役割分担	・保護者支援 ・生徒支援のための保護者との連携づくり	・連携先への連絡 ・情報提供と情報共有 ・医療の必要性の助言 ・医療機関の紹介 ・付き添い等生徒支援
小学校・就学前（幼稚園・保育所・乳幼児健診）				

（中学校）

横の連携（支援の拡がり）

図10-1　連携における養護教諭の関わり「横の連携と縦の連携」

（強力さとみ：学校不適生徒の事例分析による「連携プロセス」における養護教諭の関わり、日本養護教諭教育学会誌、Vol.20。No2.2017（平成29））

4．本論文の課題とまとめ

　国レベルの法の整備や答申により、特別な支援を必要とする子どもたちに、チーム学校としての関わりが推進されていきました。学校不適応行動等を示す生徒に対して、養護教諭が保健室の機能と職務の特質を生かした支援と「連携プロセス」の展開を行うことにより、養護教諭は、生徒・保護者支援とコーディネーターとしての役割を担うことになります。そして、専門的・組織的な支援につながることになるのです。

　2008（平成20）年の中央教育審議会答申や学校保健安全法の改正を受け、学校内における支援組織体制の整備と養護教諭の位置づけが明確化された後は、養護教諭が連携促進の役割を果たすことが共通認識されやすくなりました。また、養護教諭の連携促進の役割の共通認識は、特別な支援を必要とする子どもたちに、学校がチームとして関わりを持つことが推進されていったことにもよると考えられます。さらに、学校内連携だけではなく、学校外連携につなぐことについても養護教諭が専門性を生かしたコーディネーターの役割をスムーズに果たすことができるようになりました。生徒の支援と連携は養護教諭が中心となり、保健室の機能と養護教諭の職務の特質を生かす「連携プロセ

第10章　実践報告　*167*

ス」を展開していくことと、専門的・組織的な対応による支援組織体制の整備が重要になると考えられました。

　本研究は、一人の養護教諭の実践を研究対象としたものです。対象生徒も発達障害およびその疑い、不登校や非行等の問題行動等多様な学校不適応行動等を示す10事例であり、一般化する上では限界があります。しかし、筆者による15年間の観察期間があり、その間に学校保健安全法や特別支援教育に関わる制度的な変化がある中で、同一人の養護教諭が学校内連携を必要と判断した10事例を取り上げて詳細に分析したものです。制度の影響ならびに養護教諭としての経験知の影響を検討する上では、一定の意義があると考えています。

　養護教諭の健康相談を効果的に進めて有効な「支援」と「連携」を展開するためには、今後も養護教諭の関わりを中心とした連携について、事例の蓄積とその実践を振返り整理して理論化することが求められます。その際には、養護教諭の関わりとともに学校としての組織体制や、問題解決における相談者の満足度等を評価していくことが必要と考えます。このような実践研究や研修が、養護教諭の専門職としての力量形成を図り、効果的な健康相談と養護教諭に求められるコーディネーターとしての役割遂行につながるものと考えます。

Ⅲ　学会発表から学会誌投稿へ

　実践を研究としてまとめた論文は、様々な形で発表することができます。口頭、ポスター、雑誌、書籍発表などです。発表するために、要旨のまとめ方、事例の見せ方、データの添付方法、発表方法などを検討するために工夫と時間が必要です。本論文は口頭発表後、学会誌への投稿奨励研究に選定され、査読者からのご指導により論文修正を数回行いました。投稿に至るまでには多くの時間を費やしましたが、論文の振返りをすることで深めることができたといえます。

Ⅳ　養護教諭の実践から研究論文へ

　養護教諭が行う健康相談や健康教育の実践および推進には、専門的知識に基づいた説明や助言、専門性におけるコーディネート力やマネージメント力など養護教諭の実践活動に必要な専門職としての実践力（力量と資質）が必要です。一人の人間として大切にしたいことや養護教諭として根拠に基づいた「養護教諭力」を学校内の協働・連携に生かしていくことが必要です。

　養護教諭が実践をもとに研究を行うことや論文を書くということは、特別なことをしている訳ではありません。養護教諭として仕事をするなかで、普段行っていることを振返って考えてみることから始めることができるのです。養護教諭としての実践活動を振返ることで、課題を見つけ、気づきを整理し、まとめ、理論化、文章化していくことが論文作成につながっていきます。そして、養護教諭自身の学びとなっていくのです。

おわりに：論文をつくる

　論文を「つくる」には、「作る」「造る」「創る」の意味があります。養護教諭の実践活動や職の素晴らしさを論文にし、発信して実践を広げていきましょう。

やってみよう！
・自分の実践活動を振返ることで、課題を見つけ、気づきを整理してみましょう。
・気づきのまとめから、つながりを見つけ理論化・文章化し、論文を書いてみましょう。

コラム10 私の研修のモットー

三重県公立小学校　木村晃子

「子どもや保護者、学校のために学ぶ」、これが私の研修のモットーです。

研究＋修養＝研修、このことをいつも頭の片隅に置いています。養護教諭として歩み始めた時にお世話になった大先輩から、「身銭をきって学ばなきゃだめだよ」とのお言葉をいただきました。その言葉を胸に、そして「自己の実践を振り返り、学びを通じて、新たな実践を作り上げていく」ために、私は研修や学会等（以下、研修等）に参加しています。

私の目標は、人や周りの役に立てる養護教諭になって平和な世の中を創ることです。この目標を達成するために、自分自身の力量を向上させ、子どもたち・保護者が、元気に笑顔で過ごせるような指導と支援に努めています。これまで、研修等で学んだからこそできたことは山ほどあり、研修等へ行っていて良かったなと思います。

行ける機会は限られていますが、積極的に、研修等に足を運ぶよう心がけています。私が研修等へ行き続けるのは、私自身に力が足りず、力を付けるためです。受けた研修の回数と自分の実践力等が一致していない自分自身に、いつも不満があります。そこが、私が研修等に行き続ける所以でもあります。自己を自覚し、不足しているところを補うためには研修を受けるしかありません。力がつかなければ、子どもたちや保護者、学校のためになりません。

経験年数が上がるにつれ、求められることも多くなります。その時、「できません」とか「わかりません」では済まされません。だからこそ、研修等へ行き知識を付けなければならないのです。持っていて不要な知識はないと私は思います。実際に、今まで行った研修等で培った知識は、すべて役に立っています。以前、子どもと保護者との関わりの中で、私の考え方と周りの教職員の考え方とが異なることがあり私は悩みました。そのため、自分が学んで得た知識とそこから編み出した自分の考え方を、いったん批判・否定しようと試みてみました。書籍を読み、制度を調べ、いろんな方に相談もしました。この一件は、その子どもが卒業する形で自然消滅しました。月日がたち、進学したその子どもの家族のケース会議を行うことになった時、会議の結論は、私がその当時の考えたことそのものでした。私は、その時たくさんの研修等に行ってきて本当に良かったと思いました。

研修等へ行って良かったと思うことは、知識や実践が身につくことだけではありません。様々な土地へ行けるし、全国の養護教諭をはじめとする様々な人とのご縁をいただけることです。これまで、本当にたくさんの方とのご縁をいただき、たまたま隣席になった方に、相談に乗ってもらったり、実践を教えてもらったり、励ましの言葉をいただいたりしたこともありました。研修等へ行くと、私はたく

170　第Ⅳ部　学会発表・論文執筆に向けて

さんのエネルギーをいただいて元気になり、やる気がでてきます。研修等へ行く
と、人・モノ・ご縁などの様々な出会いがあり、そして私自身を確実に成長させ
てくれます。これだから、私は研修等へ行くことを、やめられないのです。

第11章
研究発表のあれこれ（ポスター、口頭の例）

引田郁美・浦野早都紀

めあて

・研究発表する意義がわかる。

・研究発表の資料を作成することができる。

1. はじめに　研究を発表するとは何か（意義）

　本章では二人の筆者の事例を紹介し、ポスター発表や口頭発表の実践を具体的にイメージし、それをチャレンジする気持ちになることを目的に書かれています。

（1）「協力者を増やす」こと

　第1章では、養護教諭の職務において「研究」が重要であることを述べています。他教諭とは養成課程の違い、また養護教諭の職務は他の教諭と内容が異なり、同僚の教職員から理解を得られにくい側面があるかと思います。それにもかかわらず、養護教諭の職務は決して一人でこなせるものばかりではありません。ケースによって編成を変えながら、協力者を増やしながら対応していくこともあるでしょう。

　それでは、「協力者を増やす」ために何が必要でしょうか。現職の先生方は、協力者を増やすために創意工夫を凝らしながらご尽力されていることでしょう。コミュニケーション能力やカウンセリング能力、あるいは医学、看護学、

172　第IV部　学会発表・論文執筆に向けて

教育学等の専門的な知識・技術、子どもや教職員、保護者との信頼関係の構築など、あらゆるところに神経を使いながら課題解決に向かうことになるでしょう。これらを総動員して協力者に「納得」していただくことが欠かせないのではないか、と筆者らは考えています。以前に筆者の一人が自傷行為への対応に関するインタビュー調査を行った際、次のようなお話を伺いました。

　　「その子は、学校でも落ち着けない、家でも落ち着けない。ゆっくり心休まる場所がない。だけど、この子にはちゃんと将来があって、これからも生きていく。そのためには、この子が一人で自分（の課題）を抱えられるようになる必要がある。だからね、管理職と相談して精神科に通うことを（保護者に）勧めることにしたの。それで、教頭先生と一緒に（保護者に説明に）行ったけど、なかなか理解してもらえなくてね。（保護者にとっては、精神科を受診すること自体）敷居が高いみたいなの。（その説得に）かなりの時間とエネルギーを使ったわ。（そのやりとりを通じてわかったのは）虐待の傾向はお父さんだけかと思ったけど、まさかお母さんもそうだとは思わなかったわ。お父さんも（性格が）難しかったけど、お母さんはもっと難しい人だったの…」。

　この話では、養護教諭は、管理職という「協力者」を得ることに成功し、その「協力者」とともに、当該生徒の一番身近な存在たる保護者に対して、自分たちの課題解決方針に対する理解を求めに向かいましたが、一筋縄ではいかないという状況に陥りました。なぜ、管理職は養護教諭の「精神科を受診する」という提案を受け入れ、一緒に提案することにしたのでしょうか。先述した通り、日常的に養護教諭は「協力者」を得るために、あらゆる努力をしています。この事例の語り手たる養護教諭も、例外なく、インタビュー内容の随所において様々な配慮をされていたことがわかります。それと同時に、提案にいたる「根拠」もしっかりと示されていました。今回のケースでは、生徒の主訴、家での話、自殺未遂を図ったことなど、ありとあらゆる生徒の記録をとりまとめ、そのデータをもとに管理職に相談をしました。そしてこれらの結果、管理職はこの提案に「納得」したのです。ところが、同様の材料を示しても、保護者は「納得」しませんでした。

　たったこれだけの内容では、語り手の実践を表現として、ずいぶん簡素な

第 11 章　研究発表のあれこれ（ポスター、口頭の例）　*173*

ものになってしまいましたが、間違いなく養護教諭の実践において大切なことは、①子どもを守り、育てるためには「協力者」が必要であり、②「根拠」を示すことで、③「納得」していただくことができるというピースが必要である、ということはご理解いただけたのではないでしょうか。

　このように様々な立場の人間を「巻き込む（＝協力者を増やす）」力は、養護教諭の実践に必要な力です。そして、これは「研究」にも通じる力であると筆者らは考えています。なぜなら、「研究」は決して一人でできるものではないからです。

　例として示したインタビュー調査では、実践家たる養護教諭の豊富な経験のうち、自傷する生徒への対応事例で一番印象に残っている事例をお話いただきました。この時点で、（研究をする自分には、すでに）語り手の養護教諭という「（研究）協力者」がいます。その養護教諭の実践には、相談にきた生徒がいて、その対応について相談する管理職、保健部の教員、スクールカウンセラーなど、実に多くの「（教育）協力者」がいて成り立っています。このケースで筆者が直接話したのは養護教諭一人ですが、その実践には、実に多くの「協力者」が存在し、生徒の課題解決に向けて、様々な立場の大人がチームを作り、取り組んだという広い人間関係がありました。

　ここで示した例は、インタビューの協力者のうち一人の1つのエピソード事例にすぎません。しかし、筆者の研究の完成に至るまでにご協力いただいたのは 12 人の養護教諭でした。12 人の「協力者」にも同様に、その実践には多くの「協力者」がいました。数量的な研究であれば質問紙の回答者を「協力者」と表現できますし、その回答の背景には「協力者」のこれまでの人生の一部が大きく関わっているということが想像できると思います。

　以上のことから、「研究」とは質的研究（6、7章参照）であれ、数量的な研究（8、9章参照）であれ、多くの段階で、孤独にコツコツと作業を積み重ねる必要があります。それは、どの専門分野でも同じでしょう。いずれにせよ、適切な方法を選択することが大切だと言えます。どのような手法であっても、「協力者」を要する研究であっても、より質の高い研究とするために欠かすことができないものが「研究発表」です。なぜ「研究発表」が研究の質の向上に

必要なのでしょうか。

（2） 不特定多数の方を巻き込む大チャンス！

　そもそも「研究発表」という言葉を聞いたことはありますか。現在、大学に在学中の方はゼミ担当や自分の興味ある分野の先生に、ぜひお話を伺ってみてください。楽しい思い出話とともに、興味深くかつ最新のお話を聞かせていただけるでしょう。現職で働いている先生の中には、すでにご経験があるかもしれません。自身の研究を公の場で発表することを「研究発表」と言います。先述した通り、筆者らは研究の質を向上させるためには「研究発表」が重要であると考えています。研究を成立させるために、「協力者」が必要であるという話をしましたが、それだけでは独りよがりな研究に陥ることがあります。これでは質の良い研究とは言えません。研究分野や研究方法によっても変わってきますが（6〜9章参照）、筆者らは、どの研究にも共通する質の良い研究として、研究する意義があり、大多数と議論を深めることができ、今後の研究に期待値が持てることと表現できると考えています。この3つの要素を含んでいるか、その評価をダイレクトに受け取ることができる機会の一つが「研究発表」です。

　実際の様子は後述しますが、多くの場合「研究発表」には質疑応答があります。自身の研究の評価に対するコメントを直接受ける機会は決して多くない、貴重な時間と言えるでしょう。また、研究テーマによっては、単行本で発表されていないものもあれば、養護教諭の先生方がよく読む専門雑誌で、現在注目されている内容の場合もあります。「研究発表」することにより、自分の見えていなかった世界を指摘していただくこともあれば、あるいは、さらに研究を発展させるにあたっての「協力者」を得る機会になることもあるでしょう。

　このように「研究発表」には、一定のところまで積み上げた研究をさらに練り上げるという要素と、多角的な知見をもとにさらに発展させることを目指した「協力者」を得るという要素の2つのメリットが考えられます。この2つのメリットこそ、「研究発表」の良さであり、研究の質を向上させるのに大変重要な役割を担っています。

2. 学会とは何か（種類・組織体、当日）

（1）「研究発表」をしたい！ …どうすれば？

　「研究発表」を行うことの重要性を述べてきましたが、ところで読者の方々
は、「学会」というキーワードについて、どの程度馴染みがあるでしょうか。
もし、「参加したことがない」、あるいは「初めて聞いた」という方は、一度ど
こかの学会に参加されることをお勧めします。一人が不安でしたら、恩師や養
護教諭仲間などに同行をお願いすると良いでしょう。養護教諭に関連する学会
について、表11-1に示しますので、参考にしてください。

　「学会」「学術集会」など、研究発表する機会について、その団体によって表
現は異なります。また、正式名称は「学術集会」であるにもかかわらず、学会
員同士の会話では「学会」と表現している場面もあります。一般的に「学会」
とは、日本学術会議協力学術研究団体として登録されるものを指します。表
11-1に示した学会のウェブサイトを確認すると、それぞれ学会・学術集会と
呼ばれる研究発表の機会を設けているのは年1回だけです（学会誌を年数回刊
行している学会もありますが）。各団体によって異なりますが、学習会、勉強
会といった小さな集団での学びあいなど、年間を通して、様々な活動を実施し
ていることもあります。研究発表できるかどうかは、その研修会等のテーマに
大きく左右されます。

　学会・学術集会は、研修会等よりも規模が大きく、必ず研究発表を行う時間
が設けられています。年1回のチャンスですので、ぜひ有効的に活用していき
たいものです。その他にも、総会があったり、特別講演があったり、懇親会が
あったり、普段会えない全国各地の方々と対面的コミュニケーションがとれま
す。また、書籍や関連資料なども販売されることがあり、欲しいものを見て購
入することもできます。

　次に学会の当日の様子について、表11-2に示します。

　学会・学術集会は、1日で終了するものもあれば、2～3日間かけて開催する
など、いくつかの形態があります。本章では、筆者らが参加した学会のうち「日

176 第Ⅳ部 学会発表・論文執筆に向けて

表 11-1 養護教諭の方々が参加している主な学会一覧

組織名	設立	大会名称	概要	会員数	その他の活動
日本学校保健学会	1954年	学術集会講演会	近年、児童生徒のいじめや不登校などの心の問題、薬物乱用、エイズ、生活習慣の乱れなどの身体の問題が社会的な課題となりつつある。これらの問題に科学的かつ実践的にこたえうる学会として活動を行っている。	非公開	機関誌、英文学術雑誌等の出版物の編集・刊行
日本養護教諭教育保健学会	1997年	学術集会	養護教諭の資質向上と力量形成を願い、養護教諭や養成機関教員、学生・大学院生を含めた養護教諭教育に関心をもつ様々な人が集まって研究を深めている。	非公開	学会誌・機関紙の発行
東海学校保健学会	1954年	学術集会	東海5県を基盤としている学校保健分野の研究者、教員、その他の学校関係者、医師、歯科医師、看護師等医療関係者、などを会員とする学術団体である。	250名	学会誌の発行学習会の実施
日本教育保健学会	2003年	学会	前身に教育保健研究会がある。これまで提唱されきた「保健教育」とは異なる視点、「教育保健」として、子どもたちの健康の保持増進のために、子どもの健康課題を発達の視点から支援し、教育という人間形成の営みに結実させていくことを含意した概念を打ち出した。この概念を基に、養護教諭の職務について、研究を行っていく。	264名	学会年報、ニューズレターの発行
日本健康相談活動学会	2005年	学術集会	今を生きようとする子どもたちの心や体の健康課題に対応する養護教諭の実践とその根拠となる理論との融合を図り、教育科学として教育現場に還元されるような健康相談活動の展開が求められている。健康相談活動にたずさわる養護教諭、養成者等がそれぞれの実践や研究の成果を発表し、討論し、相互の研究交流を図り、情報を共有する場として設立された。	非公開	研修会、セミナーの開催学会誌、機関紙の発行
日本学校救急看護学会	2006年	学術集会	救急処置や心身の不調時の対応等に焦点を当て、成長過程にある子ども達に生じた事故や傷病発生に対して、悪化防止の処置と教育的配慮・指導を行うことは、医療の看護とは異なる養護教諭の専門性を示す機能として認識し、深く研究を進めていくことを目的としている。	非公開	学会誌、機関紙の発行ワークショップの開催

第 11 章　研究発表のあれこれ（ポスター、口頭の例）　*177*

表 11-2　学術集会の日程例

1 日目

受付	プレコングレス	受付	開会行事	学会長 基調講演	特別講演	シンポジウム	学会 報告	懇親会

2 日目

受付	口頭発表 ポスター発表		総会	ランチョン セミナー	ワーク ショップ
		研究助成金 研究発表			

本養護教諭教育学会」の第 25 回学術集会（2017 年）のものを例に説明します。

　各時間帯の内容については、実際に体験していただいた方がわかりやすいと思いますので、今回は割愛しますが、学生もしくは現職の方がご自身の研究を発表しようと思うと、「口頭発表」もしくは「ポスター発表」がその時間になります。

　なお、自ら学会発表する前に、それぞれの学会の雰囲気を味わい、どのような発表があるのか、聴衆者として聞くことは大切でしょう。学会もいろいろな種類があるので、それにあった研究（方法やプレゼンテーション）があります。いきなり学会発表するというのは適切とは言えません。まず、学会に参加し、自分がその学会で活動していこうと思ったら入会します。そして何度かその学会に参加し、自分なりに研究が進展したら、いよいよ発表となるのが大きな流れでしょう。

　研究発表までの基本的なスケジュールは、①発表のエントリー、②発表する研究を A4 サイズで 1 〜 2 枚程度にまとめた抄録を提出（この時点でパワーポイント等の資料提出も求められることがほとんどです）、③発表が採択され、④実際に発表、という流れになります。学会の規模にもよりますが、①のエントリーが始まるおおむね 3 〜 4 ヵ月前になります。そして②は 2 ヵ月前程度です。つまり、発表を予定している学会の毎年の開催時期から逆算し、エントリーする頃には、研究の完成もしくは発表できる段階までに完成させておく必要があることになります。

　繰り返しになりますが、各団体で実施形態は異なりますし、学会、学術集会

178 第Ⅳ部 学会発表・論文執筆に向けて

については、開催校の都合によって、例年に比べて内容を一部変更する場合も
あります。実際の情報はホームページ等を確認してから参加するようにしてく
ださい。

3. 実際に発表してみよう

　ここまで、養護教諭の職務と「研究」は、まったく遠い世界のものではな
く、むしろ近接領域のものであること、さらにその「研究」をより質の良いも
のにするには「研究発表」を行うと良いことを述べてきました。ここからは、
実際に研究発表を行う際にいくつか押さえておいてもらいたいポイントを、簡
単に説明します。実際に発表の資料を作成するには、作成に特化した書籍や実
際の発表なども合わせて参考にしてください。

（1） 研究発表において、共通するポイント
　これから研究発表の中でも、ポスター発表と口頭発表の２つの発表形態につ
いて詳しく述べていきます。その前に、どちらにも共通すると考えられる、押
さえておきたいポイントについてお話します。
　どのような「研究発表」であっても、大切なことは聴衆者の負担を減らすこ
と、つまり「伝わる発表」であることが大切です。この「伝わる発表」とはど
ういうものでしょうか。
　おそらく考え出したらきりがないでしょう。中でも初めての研究発表におい
て特に気を付けたいポイントに焦点をあてるとすれば、以下の２点ではないか
と考えられます。
1） 中心命題がはっきりわかる内容になっているか
　これは「研究発表」のポイントというよりは、研究の根幹に大きく関わる内
容ですが、間違いなく発表においても重要だからです。これまで、「研究」に
は「協力者」が必要であり、「協力者」を広く得られる機会の一つが研究発表
であると述べてきました。聴衆者が、まず注目するのは「中心命題」です。仮
説と表現される場合もありますが、課題の背景をどのように分析し、この研

第 11 章　研究発表のあれこれ（ポスター、口頭の例）　*179*

究の目的は何か、という点で聴衆者を「納得」させる必要があります。ここで
「納得」してもらえないと、その後の議論は深まりを得ないどころか、その聴
衆者が席を立って他の発表者のところに移動してしまう可能性もあります。ま
た、「中心命題」を基準に研究方法は適切か、考察は妥当性があるかなど、あ
らゆる評価が行われます。したがって、「中心命題」をしっかり説明できれば、
最後まで聞いてもらえる可能性が高くなるということです。

2）　言葉の定義が説明されている

　こちらも 1）と同様に、研究の根幹に大きく関わってきますが、研究発表で
も欠かすことのできない要素です。"吊り橋効果"の話を例に、簡単に説明し
ます。

　　　吊り橋を渡るときのドキドキを脳が勘違いして、一緒に渡った相手に恋してい
　　ると錯覚するという"吊り橋効果"のお話を聞いたことのある人は多いのではな
　　いでしょうか。しかしこのお話、正確には「吊り橋効果」（"ただしイケメンに限
　　る"）というキーワードが隠れていることをご存じでしょうか。心理学者アロン
　　とダットンの研究は、「魅力的な女性が、強い恐怖を感じた男性にとって、より
　　魅力的に映るか」を検証するものだったそうです。つまり、平々凡々な顔で吊り
　　橋効果の恩恵を受けられる、とは一言も言っていないのです。

　上記のなかで、どこか引っかかるところはありませんでしたか。
　一緒に渡った相手の性別を言いませんでしたが、重要なキーワードとして
"ただしイケメンに限る"とあえて入れました。重要なキーワードに、端的で
そして印象に残りやすいものを選ぶと良いのは、経験的によくご存じなのでは
ないでしょうか。しかし、せっかくのキーワードですが、これをこのままにし
ておくと、「主人公は男性」という状況に限定して受け取られる可能性があり
ます。さらには、このキーワードに続く研究の詳細の主人公は「男性」で、魅
力的という条件が付いているのは「女性」の方です。これでは女性に対して
イケメンを使用していることになります。では、ここでいうイケメンとは何
か？　という疑問が生じ、誤解なく理解するにはあまりにもややこしい状況で
す。この場合の対応策は、キーワードを変えるか、キーワードの意味を言及し
ておくという 2 つが考えられます。

イケメンとはかっこいい男性を指すものではなく、顔立ちの整った方、自分が魅力的だと感じる方を指しますなどの文言が加わっているとどうでしょうか。先ほどよりも読みやすくなっているのではないでしょうか。

以上の2点のように、研究において欠かすことのできない部分を丁寧に示す、ということが研究発表においても大変重要なポイントと考えられます。限られた時間で、自身の長期に亘る研究を口頭で伝えるために、できる限り誤解なく伝えるという配慮は、ある意味当然のことであり、どれだけ経験を積んでも忘れてはいけないテクニックです。

（2） ポスター発表ってどんなもの？

「2. 学会とは何か」において、研究発表を行うにあたって多くの場合「口頭発表」「ポスター発表」になるだろうと述べました。ポスター発表の良いところや、ポスター発表の押さえておきたいポイントは何でしょうか。

ポスター発表、と聞いてどういったものを想像するでしょうか。昔は、パワーポイント等のプレゼンテーションの資料を、そのまま貼り付けてポスター発表、とする方法を採用することもあったそうです。しかし、現在のポスター発表の手法として多く見受けられるパターンは写真11-1にある通りです。

このように1枚の用紙に、「タイトル」「研究の背景」「研究目的」「研究対象」「研究方法」「結果」「考察」をすべて取りまとめます。論文記載する内容が1枚の資料にそのまま凝縮されているということになります。このことがポスター発表の大きな特徴です。表現を変えると、スペースはかなり制限されるという厳しい条件が課せられていると言えるでしょう。すべての配置、フォント、色の使い方、グラフや図の使用方法など、工夫を施す点は様々にあります。

例えば、図11-1は、著者の一人が行ったポスター発表の資料ですが、この資料の工夫点はどこでしょうか。

作成時に意識した工夫点としては、①文字数をできるだけ少なくすること、②色の使い方に統一感を出すこと、③図に使用できる面積を広くとること、の3点です。これらを意識した背景には、限られたスペースを有効活用するため

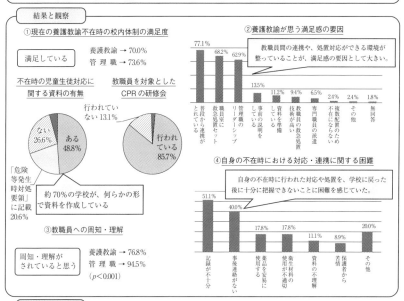

図 11-1　ポスター例

に、A）理解してもらうための最低限の資料に絞ること、B）視覚的に理解できるような工夫といった2点の配慮が必要だからです。これらは、その時の指導教員からの指摘と自身の経験的に学んだことです。さらに実際の会場の雰囲気の中で感じた

写真11-1　ポスター発表例

ことは、この他にも、④図を見ただけで内容が理解できる、⑤目に優しい、という2点も必要でした。①～③は、話を聞いてもらうために必要な配慮であり、④、⑤は参加者に見てもらうためにその場で足を止めてもらうために必要な配慮にあたるものと考えられます。たくさんあるポスターの中から、わずかな時間で自分の研究を聴講してもらおうと思うと、人を集めるための工夫と、研究の概要を理解するための負担をかけないことが大切です（写真11-1）。

　口頭発表と異なり、ポスター発表は、時間制限を設けてその場での質疑応答もあります。3～5分程度の時間で、一枚分のポスターについてその要点を話し、関心を持つ聴衆者が集まってそれを聞き、そこで1分程度のごく簡単な質疑応答があるという場合もあります。もっとも、その場合、発表の時間以外に、じっくりと質疑応答をすることもあり、そこでいろいろなやり取りが行われます。

（3）口頭発表ってどんなもの？

　次に口頭発表についてです（写真11-2）。口頭発表の多くは、パワーポイントやキーノートなどのプレゼンテーションソフトを用いて行われます。基本的な記載内容は、ポスター発表と同様に「タイトル」「研究の背景」「研究目的」「研究対象」

写真11-2　口頭発表例

第 11 章　研究発表のあれこれ（ポスター、口頭の例）　*183*

<table>
<tr><td colspan="2" align="center">養護教諭の役割</td></tr>
<tr><td align="center">（平成 20 年中央教育審議会答申より）</td><td align="center">（平成 20 年中央教育審議会答申より）</td></tr>
<tr><td>
　養護教諭は、学校保健活動の推進に当たって中核的な役割を果たしており、現代的な健康課題の解決に向けて重要な責務を担っている。平成 18 年度の調査によると、子どもの保健室の利用者は、1 日当たり小学校 41 人、中学校 38 人、高等学校 36 人であり、養護教諭の行う健康相談活動がますます重要となっている。また、メンタルヘルスやアレルギー疾患などの子どもの現代的な健康課題の多様化により、医療機関などとの連携や特別な配慮を必要とする子どもが多くなっているとともに、特別支援教育において期待される役割も増してきている。そのため、養護教諭がその役割を十分果たせるようにするための環境整備が必要である。
</td><td>
・学校保健活動の推進に当たって中核的な役割
・現代的な健康課題の解決に向けて重要な責務
　e.g.）平成 18 年度の調査
・子どもの健康課題の多様化（メンタルヘルス、アレルギー等）
・医療機関等との連携、特別な配慮を必要とする子ども増加特別支援教育において期待される役割も増加

・養護教諭がその役割を十分果たせるようにするための環境整備が必要である。
</td></tr>
</table>

図 11-2　左は答申をそのまま書いたスライド　右は要点をまとめなおしたスライド

「研究方法」「結果」「考察」を取りまとめた資料を作成します。

　また、資料の作成にあたっては、先述した A）B）の 2 点の配慮事項の柱も資料作成の基本的内容として共通します。これ以外に、ポスター発表が 1 枚の資料に凝縮されるのに対して、口頭発表は、タイトルや研究の背景などが、必要に応じて複数のスライドに分けられて示されることが異なります（図 11-2）。

　また、スライド操作やアニメーションの操作など、ソフトの機能を使用し、聴講者に発表者の見せたいところを、発表者のタイミングで見せることができます（ソフトの機能を最大限活かすには、その特性を理解していくことやコントロールする技術も必要ですが）。例えば、聴講者に印象付けたい内容のスライドに時間を割き、簡単に済ませたい内容のスライドは時間をかけず、場合によってはそのスライドを飛ばすというやり方も可能でしょう。ポスター発表では、1 枚のポスターと発表者の声だけで研究のすべてを表現する必要があります。プレゼンテーションソフトを用いれば、示し方は多様さを増すというのは大きな利点でしょう。

4. ま と め

　本章では、「研究」をより良いものとするために、重要なポイントとして、「研究」そのものにも「協力者」が必要であり、質の良い「研究」にするためにも「協力者」が必要であると述べました。それは養護教諭の職務にも通じるものでもあると、筆者は考えています。

　話は変わりますが、「種をまく人」という絵画はご存知でしょうか。フランスの画家ミレーの代表作の一つです。この作品は、宗教画として紹介されることもあれば、ミレーの幼少期の父親の働く姿を思い出して模写したものとして紹介されることもあります。

　本章の執筆において、次のようなことを考えさせられました。教師とは、「種をまく人」であり、「種をまかれる人」であるということです。「種を蒔く人のたとえ」という箇所が、キリスト教における新約聖書のマタイ、マルコ、ルカの３つの福音書に登場します。その内容について簡単にご説明します。種を蒔く人が種を蒔いていました。その種は、道ばた・岩の上・いばらの中・良い土地の４つの異なるところに落ちていきます。この中で、無事に実を結ぶのは良い土地だけでした。他の３カ所は作物が育つための十分な環境とは言い難いでしょう。ある意味、当然の結果です。この箇所は、種をまく人（神様）から蒔かれた種（御言葉）を、様々な大地（人の心）が、受け止めた末路はこの通りであると理解することができます。

　教師には、この両方の立場になることがあります。教師の大きな役割を総評して、子どもたちの育ちのお手伝いだと表現できると思います。そのためには、子どもたち自身に備わっている種を育てていくという側面もあれば、新しく種を蒔きより豊かに育てていくという側面もあります。また、その大地は必ずしも良い土地とは言えない部分もあるでしょう。例え話にある４つの大地のすべてが備わっている場合もあります。そこから良い土地の面積が広げられるように手伝うことも、種まきには必要な作業であるかもしれません。教師も人間ですから、その作業は一人でできることではありません。また、教師自身

第11章　研究発表のあれこれ（ポスター、口頭の例）　*185*

も、児童・生徒や保護者他の教職員等によって種を育てられ、さらには、新た
な種を蒔かれ、土地を耕していくという作業も必要になります。この作業も決
して一人ではできません。「協力者」が必要になるのです。そして、そういっ
た一連の流れの循環が、よい教師に仕上げ、一人の人間を育てていくのです。

　私たちにはその育ちの一つの工程として研究があり、その研究を通じて、研
究自体を練り上げられながら、同時に教師としての種や土地も良いものとして
育ち、練り上げられていくものだと考えています。そのようにとらえると、研
究発表も気難しいものに感じないのではないでしょうか。

やってみよう

・ポスター発表を聞いてみよう。

・口頭発表をしてみよう。

186　第IV部　学会発表・論文執筆に向けて

コラム 11　座長から

愛知教育大学　福田博美

　座長とは聞きなれない言葉ですが、辞書では「座談会・討論会などで、進行をつかさどる人」[1]とあり、「発表者の紹介」「時間管理」「質疑応答の対応」を行います。発表会場で、発表者のあなたの一番近くにいるのが座長です。

【発表者の紹介】

　座長はあなた（発表者）を紹介します。あなたの名前が読みにくかったり、読み間違いされたりする場合、セッションの前に座長に挨拶をしておくと信頼関係が築けます。場合によっては、座長から事前に疑問に思っていることや意見を頂くことがあります。

【時間管理】

　発表の持ち時間は決まっています。あなたが発表時間を守らないと、後の発表に影響し、少しの時間でも積み重なると学会全体に影響することとなります。

　発表者は、事前に、発表原稿を作成し、時間内に発表できるよう声を出して練習して下さい。この準備を怠ると、全部説明しきれなかったり、早口で説明したりして、聞き手がわからないということになります。

　プロジェクターやパソコンのトラブルなどは、座長が会場係と協力して進行します。発表者は可能なら、指定の時間か開場前に会場のパソコンを操作して確認しておくとスムーズに発表できます。

【質疑応答の対応】

　発表が終わったら質疑応答です。座長は、質問や回答が適切に行われるように注意して進行しています。発表者が不慣れな場合、質問を受けて固まってしまうことがあります。困ったら座長に伝えて下さい。座長は、質問者が答えやすいように質問をまとめたり、共同研究者に振ったりしてくれます。

　不安があると思いますが、自分の成長につながるように発表機会を活かして下さい。

引用文献

1）　広辞苑第 7 版、岩波書店、2018、1180

第12章
実践活動から学会発表と論文執筆

安富　和子

めあて

・実践活動の中の得意な分野から課題を見つける。

・子どもの健康推進に役立つ意義のある調査研究を行う。

・研究には、継続した多様な協力による取り組みがあることを理解する。

は じ め に

　この活動は、筆者が養護教諭として勤務していた1975年（昭和50年）から2010年（平成22年度）までの36年間に取り組んだ、子どもたちの健康課題解決のための活動をまとめたものです。

歯科指導を中心とした基本的生活習慣の確立
—子どもたちの健康課題解決のための継続した取り組み—

1.　日本人の一回の食事における咀嚼回数を知っていますか

　日本人の一回の食事における咀嚼回数をご存知でしょうか。文献によると、現代の日本人の咀嚼回数は620回／11分（柳沢幸江著『育てよう噛む力』少年写真新聞社）と言われています。弥生時代、戦国時代、江戸時代、昭和初期と、時代とともに一回の食事における咀嚼回数と時間が確実に少なくなってきているようです。これは食品の軟食傾向が進み、噛まなくてもすむ食生活に

なったことに起因しているのではないかと言われています。

　筆者は 1975 年（昭和 50 年）から 2010 年（平成 22 年）までの 36 年間、長野県内の小中学校の養護教諭をしていました。昭和 50 年の新卒である 30 年前と比較すると、むし歯の罹患率は 95％から 40％と減少してきましたが、顎が小さくなり不正咬合や歯肉炎、先天性欠損歯（特に上下前歯 2 番の欠損が多い）を有する児童が増えてきていることを、歯科検診で実感していました。

2. 子どもたちの食べ方における健康課題「噛めない子どもは咬合力が低い」

　2001 年（平成 13 年）駒ヶ根市立赤穂南小学校に赴任し、文部科学省の指定校として『歯・口の健康づくり』に全校で取り組みました。筆者は給食の様子から、低学年の子どもたちの中に、噛めない、噛まない、飲み込めない、といった食べ方に問題のある子どもが、クラスに 2・3 人いることがとても気になっていました。そこで、子どもたちの咬合力を測定してみようと思い、オクルーザルフォースメーターという装置を使って測定してみることにしました。すると、給食の食べ方に問題を感じる子どもたちでは、自分の体重くらいはあると言われている最大咬合力（奥歯をグッとかみしめる時の奥歯にかかる力）が、体重の半分くらいしかないことがわかりました。また、そのような子どもたちはいつも体に緊張感がなく、脱力感を感じさせる子どもたちであることもわかりました。そんな実態を目の当たりにした筆者は、その改善策を常に考え続けていました。

3. 健康課題解決に向けた活動「炒り大豆の威力はすごい」

　そこで考えたのが、「子どもたちの咬合力を強くできないだろうか」ということでした。偶然にも、2 年生が、生活科の学習で大豆を育てていました。筆者は、その大豆を分けてもらって炒り大豆を作り、毎日スプーン一杯（約 15 粒）の炒り大豆を子どもたちに一カ月間継続して食べてもらうことで、咬合力

を高められないだろうかと考えました。そして 2006 年（平成 18 年）1 月に、保護者の了解と大豆アレルギーの調査を行い、毎朝炒り大豆を作り、2 時間目の休み時間後の午前 11 時に、2 年生 1 クラスの子どもたち（男子 16 人女子 14 人合計 30 人）に食べてもらいました。そして、10 日ごとの咬合力を測定してみると、炒り大豆を食べる前は平均 34 キロであった咬合力が、30 日後には平均 44 キロとなり、10 キロも向上したのです。また同時に取ったアンケート調査でも、子どもたちの噛むことへの意欲が高まってきたことがわかりました。例えば、よく噛まずに早く食べ、いつもおかわりをしていた肥満の女子は、「よく噛むとお腹がいっぱいになるから、おかわりしなくてもいいよ」と言い、給食をよく噛んで食べるようになってきました。また、硬いものが苦手でよく噛まず、給食を残していた咬合力の低かった女子も、咬合力が 2 倍になり「炒り大豆が噛みやすくなった」と言い、給食を残さず食べられるようになってきました。担任教師からは、子どもたちが早く食べている友だちに「もっとよく噛もうよ」と声を掛ける姿が見られるようになってきましたという声が聞かれ、学校栄養士からは「咀嚼の活動を行うようになってから、以前より残飯が少なくなってきました」と残飯調査の結果も見せていただきました。

　このように、咀嚼の指導と実践は、子どもたちの意識変革ばかりでなく、学校給食の様子にも変化をもたらしていました。

4. 健康課題解決のための調査研究の実施と評価

　筆者は、炒り大豆の測定結果から、歯ごたえのある食品を比較的短時間、継続して食べ続けることで咬合力が上がり、硬い食品に対する抵抗もなくなるので、咀嚼の意識も高まり、給食が美味しく食べられるようになることを実感しました。しかし、この測定は統計上、優位差が有るのかどうか分析できず、結果に自信がもてない状況でした。ちょうどその時、筆者の目に入ってきたのが当時よく読んでいた「教育医時新聞」でした（現在は廃刊）。そこには、2005 年に松本歯科大学の森本俊文学長を大会長、増田裕次先生を大会準備委員長として、第 16 回日本咀嚼学会学術大会が松本で開催されると書かれていました。

190　第Ⅳ部　学会発表・論文執筆に向けて

その記事を見た筆者は、「現在私が取り組んでいることは、咀嚼という活動ではないだろうか」と思い、急に「咀嚼」という言葉に興味を持ったのです。セレンディピティ（serendipity）偶然の出会いという言葉がありますが、現在も取り組み続けている咀嚼の活動は、この新聞記事を偶然目にしたことから始まったと言えます。

　そして筆者は、以前からの懸案であった「炒り大豆による咬合力測定結果の検証」について、咀嚼学会大会準備委員委員長である松本歯科大学の増田先生に、コメントをいただけないかと考えました。当時（平成18）養護教諭の筆者にとっては、大学や大学教授とは、とても遠い存在でした。しかし、何とかしたいとの思いから一念発起して増田先生に電話をかけてみました。すると、増田先生はとても親切に対応して下さり、数日後測定結果のデータを見てくれることになりました。そして、「炒り大豆を食べて咀嚼力の変化を確かめ、結果を出したことが素晴らしい」「測定結果は有意差が有るので、胸を張って発表しても大丈夫ですよ」と言ってくださったのです。

5. 保健室は健康教育の発信地

　筆者はその言葉を頂いたお陰で、「歯ごたえのある食品を比較的短時間継続して食べ続けることで、咬合力が上がり、嗜好の変化も現れる」ということを、子どもたちや保護者、学校職員や地域に、安心して発信することができたのです。

　その結果、給食センターの栄養士さんは、歯ごたえのある給食メニューを考え、切り方を大きくするなどよく噛むための工夫をしてくれました。また、駒ヶ根市教育委員会では、市内4か所の学童保育所のおやつに、炒り大豆を出すように予算化してくれました。PTA活動では、保健厚生部のお母さんたちが、参観日の午前中に学校の調理室に集まり、三色フライビーンズや炒り大豆、いりこ、チーズスティックなど、歯にいいおやつを手作りし、参観日に来校した保護者に、試食品とレシピを配りながら、「歯ごたえのある手作りおやつを子どもたちに食べさせましょう」と呼びかけてくれました。「保健室は健康教育の発信地でありたい」という筆者の思いが、測定結果を発信

することにより、協力者を得て「よく噛む活動の輪」として学校から地域へと広がっていきました。このことが、後に養護教諭をしながら松本歯科大学大学院に入学するきっかけとなっていったのです。

6. 学校給食における健康課題解決に向けての活動

　平成17年に制定された食育基本法では、国民が生涯にわたって心身の健康と豊かな人間性を育むために、食育を総合的、計画的に推進することと述べられています。また、食育指導は学校教育活動全体を通じて指導すること、学校給食を充実させるため十分な給食の時間を確保すること、ゆっくりとよく噛んで食べる国民を平成32年度までに55%以上とすることを目指すと述べられています。しかしながら、学校給食の現実はというと、授業がしばしば延長され給食の準備に取り掛かるのが遅くなったり、給食の時間内に児童会や生徒会等の委員会活動等が日常的に行われたりと、子どもたちの食べる時間が削られ、追い立てられるような食事時間になっていることがあります。

　また、給食を8分でかき込み食べし、校庭にドッジボールをしに行ってしまう高学年児童の実態もあります。このように、ゆっくりよく噛んで食べる時間が確保されていなかったり、その習慣が身についていなかったりする子どもたちがたくさんいる現状に、養護教諭として心を痛め、その改善策を模索していました。そこで、給食の時間をもっと大切にし、子どもたちがよく噛んでおいしく食べられるために、学校給食の在り方について職員会議で協議検討をしました。そして、給食の時間を5分間延長すること、給食前の授業を延長せず速やかに給食の準備に取り掛かること、20分間は席についてよく噛んで食べること、給食時間中の委員会活動等は行わないこと、給食中の放送は週一回とすることなどの改善策が職員会議で決定となり、全職員が共通理解し取り組むことになりました。その結果、子どもたちが給食をよく噛んでゆっくり食べられるようになり、以前よりも残飯が減ってきました。さらに、給食後の歯磨きもしっかりできるようになり、心身ともに落ち着いた学校生活を送れるようになってきました。

7. 咀嚼回数の測定装置「かみかみマシーン」の開発

　噛めない、噛まない、飲みこめない、といった食べ方に問題を持つ子どもたちの給食の現状を踏まえ、子どもたちがもっとよく噛んで食べ、生涯にわたって健康づくりの基礎を築いてもらいたいと考え続けていた筆者は、もしも、咀嚼回数と時間を測定する装置があったなら、子どもたちはきっと楽しみながら咀嚼の意識を高めてくれるのではないかと考え、平成13年に噛む回数を測定する装置の開発を思いついたのです。それから5年間、工場、会社、教育センター、大学など、様々な場所と人にアプローチをし、装置の完成を夢見て奔走しました。しかし、新商品の開発はそう簡単にはいきませんでした。5年の歳月が過ぎ、第1号機が完成したのは平成17年でした。1号機は、耳に入れたマイクロセンサーで噛む音をとらえ、咀嚼回数をカウントしようと考え、筆者が新卒の時の教え子に作ってもらいましたが、咀嚼以外に声も拾ってしまうという欠点があり、商品化することができませんでした。その後、長野県教育センター指導主事の菊地・小林の両先生方から「高校との連携による開発を模索したらどうか」とご助言をいただき、早速1号機を持参して駒ヶ根市内にある駒ヶ根工業高校を訪ねることにしました。しかし、担当の主任から、高校生の卒業制作課題とすることはすでに課題が決定しているので無理であること、高校生では装置の開発は技術的に難しいことなどの理由で、断りの電話をいただきました。ところが数日後、同校の電気科教諭高田直人先生から、「噛む回数をカウントする装置は今まで世の中にない装置なので面白い。そう思ったら眠れなかった。僕が作りましょう」という電話をいただき、思いがけない展開だと、筆者はワクワクしながら一号機を持って、高田先生に会いに伺ったのです。それから3カ月後の平成17年10月、高田先生はついに「咀嚼カウンター」を完成させて筆者の元に持ってきてくれました。それは、100円ショップのカチューシャの真ん中にタッチセンサーを付け、顎の上下運動を加速度センサーでとらえるというものでした。30回噛むごとにお知らせ音が鳴り、1,000回カウントするとメロディーが流れるという画期的な装置でした。高田先生は寝

る時間をさいて、何度も何度も失敗を繰り返しながら、この装置の完成を目指したとのことでした。筆者は「咀嚼カウンター」を見た時、うれしさと、感動と、感謝の気持ちでいっぱいになりました。早速保健委員会の児童に協力してもらい、顎につけてためしてみると、噛む度にしっかりと咀嚼回数と時間をカウントしていたので、この装置なら測定できると確信しました。その後、二人で試行錯誤しながら、耳かけ部分と首の接触部分に改良を加え、より正確にカウントできる装置「かみかみマシーン」を開発し、給食における咀嚼回数と時間の測定を開始したのです。

8. 「かみかみマシーン」を使った咀嚼回数の調査研究

　平成18年2月より、1年生から6年生の給食における咀嚼回数と時間の測定を5台の「かみかみマシーン」を使って行いました。筆者は自分の給食を持って測定するクラスに行き、一人ひとりの子どもたちの顎に装置が正確に装着できているか、チェックしながら測定を行いました。子どもたちは「かみかみマシーン」をとても喜んで付けてくれ、2年間かけて540人の測定を行うことができました。測定結果は、給食一食あたり約1,000回から1,500回の咀嚼回数であり、平均1,400回でした。咀嚼時間は約25分から35分間であり、高学年になるにしたがって短くなっていました。また、男子よりも女子の方が咀嚼回数が多いこと、肥満傾向の児童はそうでない児童に比べて、咀嚼回数はあまり変わらないものの、咀嚼時間が平均で3分間も短いことがわかりました。先生方の測定も行ってみましたが、女性の先生でも給食一食当たり380回で8分と少なく、早食い傾向であることがかりました。これは、先生方が給食の準備から指導、食べながら連絡帳を書くなど、給食の時間中も仕事をしていることから、忙しい中での食事になっている実態が浮き彫りになりました。これも職員の健康課題の一つだと筆者は思いました。子どもたちは「よくかむとご飯が甘くなるね」「食べ物の味がわかって給食が前よりおいしく食べられるよ」などと感想を言ってくれ、装置を付けて咀嚼回数を測定することで、ゲーム感覚で楽しみながら自分の咀嚼実態の把握と、よく噛む意識を高めることができたよ

うでした。筆者は、そんな子どもたちの感想から、噛むことの大切さを再認識し、この装置を使って栄養教諭や学校栄養職員、担任の先生方と連携し、食育指導の充実と咀嚼の啓発をしっかりと行っていこうと決意を新たにしました。

9.「かみかみマシーン」の商品化とセレンディピティ（偶然の出会い）

当時（平成18年）勤務していた赤穂南小学校の保健室に、医薬材料を納めている伊那科学の社長さんがこられて、保健室の机の上にある「かみかみマシーン」を見て「これは何ですかと」筆者に尋ねました。筆者は、咀嚼回数を測定する装置であることを話し、多くの子どもたちの咀嚼の意識を高めたいので、商品化できないものだろうかと相談しました。すると、伊那科学の社長さんは、二つ返事で、名古屋にある日陶科学という医療教材会社の社長さんを紹介してくれたのです。お会いした日陶科学の社長さんは「先生の熱意に感動しました。子どもたちの健康づくりのため、かみかみマシーンを商品化しましょう」と言ってくださったのです。このような偶然の出会いがあってかみかみセンサーは誕生したのです。

10. 子どもたちの健康への熱い想いが、商品化を実現した

平成18年から「かみかみセンサー」の開発に向けたプロジェクトが開始されました。赤穂南小学校・喬木第二小学校に勤務していた時のことです。会議は、勤務時間外の午後6時以降から始まります。日陶科学さんは会議で検討した改良品を制作し、次の会議に試作品を持って、名古屋から喬木第二小学校まで3時間かけてやって来ます。そして、放課後児童クラブの子どもたちや保護者、

先生方にお願いして、稲荷寿司やおせんべいを何度も食べてもらい、かみかみセンサーの感度を確認しました。しかし、思うように測定できず、私たちの納得した装置はなかなかできませんでした。開発会議は夜の10時を過ぎることもありました。会議が29回目を超え、本当に商品化できるのだろうかと私たちに焦りや不安がよぎったその時、社長さんが、「新製品を作り出すには30回は検討会議をしないとだめです」とおっしゃったのです。その言葉の通り、30回目の会議で、ついに商品化の目途が立ったのです。

　こうして、幾多の困難を乗り越えて2008年（平成20年）7月に、日陶科学株式会社から「かみかみマシーン」改め「かみかみセンサー」が販売されることになったのです。商品化されるまでに1年と3カ月の歳月を費やし、発案から7年が過ぎていました。カウンターの形は、子どもたちの希望から魚の形にし、安全性と衛生的で使いやすいことを第一に考え、清潔感があるきれいなブルーを選びました。名前は今までの測定結果から「一食あたり1,000回噛みたい」という筆者の目標をふまえ、センサーと1,000を兼ねて「かみかみセンサー」と名付けました。振り返ってみると、開発プロジェクトは大変なことばかりでした。しかし、今まで世の中にない装置の開発と、何よりも子どもたちの成長を願う装置であるという想いから、誰一人として諦めなかったからこそ、開発に辿り着くことができたのです。こうして、「かみかみセンサー」を商品化できたことは、開発プロジェクトのメンバーの努力はもとより、開発に協力してくれた赤穂南小学校や喬木第二小学校の多くの子どもたちや保護者、先生方がいたからこそだと思っています。そして、「今どこまでできているの」「期待しているよ」などと、励ましの声をかけて下さった皆さんのお陰だと思っています。多くの方々への感謝の気持ちを忘れず、たくさんの想いが詰まった「かみかみセンサー」を、健康のため、医療のため、世の中のために役立ててもらえたらいいなあと思っています。

196　第Ⅳ部　学会発表・論文執筆に向けて

11.　かみかみセンサーの活用状況

　2008年（平成20年）喬木第二小学校で商品化された「かみかみセンサー」
を使って、毎月行う歯の日に、子どもたちの咀嚼回数の測定を行いました。ま
た、長野県歯科医師会や長野県内外の保育園や小中学校等でも使用され、子
どもたちのよく噛む意識を高めるために役立っています。使用した子どもた
ちからは、「こんなに噛んでいるとは思わなかった」「かみかみセンサーを付
けて食べるとよく噛むようになる」「ご飯が甘く感じておいしくなった」「楽し
かった」などと、感想が寄せられました。平成22年には喬木第一・第二小学
校の4年生76名（男45女31）を対象に、給食一食当たりの咀嚼回数の測定
を実施しました。測定にあたっては、松本歯科大学の倫理委員会の審査を経
て、保護者に同意書を取り、職員会で先生方に説明し理解と協力をしていただ
き実施しました。測定結果は、給食一食当たりの平均値は約729.92±311.04回、
1110.77±242.71秒で、ご飯主食では774.32±305.28回、パン主食で769.08±
324.94回、ソフト麺主食で646.35±288.80回であり、ご飯主食とパン主食は、
ソフト麺主食に比べて咀嚼回数が有意に多いという結果になりました。この結
果は食育指導に活かしていくことができました。

12.　測定結果を日本咀嚼学会で発表　「発表は楽しめましたか」 　　　の言葉に感動

　筆者は、松本歯科大学の増田先生に、炒り大豆による咬合力の変化につい
て測定結果を見ていただき、測定結果に有意差があることを証明していただき
ました。その後データの分析を終えた先生から、「この調査結果を鶴見大学で
行われる第17回咀嚼学会学術大会で発表してください」と言われました。突
然そう言われて、咀嚼学会のこともよく知らないし学会発表なんてしたことも
なかったので、筆者にできるはずがないと、お断りしました。しかし先生の強
いすすめで発表することになりました。できるかどうか不安でいっぱいでした

が、新しいことに挑戦することは、新たな道を開いていくことに繋がるのではないかと思い、重い腰を上げて頑張ることにしました。増田先生にご指導をいただきながら、学会発表の準備を進めましたが、発表の申し込み手続きから抄録を作り、パワーポイントから口演発表の原稿作りと、筆者にとっては初めてのことでありとても大変でした。学術大会は、大学で研究を重ねられている先生方や大学院生、歯科医師などの専門分野の方々の発表の中、小学校の養護教諭である筆者は場違いだと思いながら「小学校での歯科保健指導による咬合力と嗜好の変化 ― 噛み応えのある食品を毎日食べることで ― 」いう演題で口演発表をしました。質疑応答では何を答えたのかわからないほどあがってしまい、自己嫌悪に陥って降壇してきた筆者に増田先生は、「楽しめましたか」と声をかけてくれたのです。筆者はその一言にとても驚きました。今日の発表日までの大変な準備、そして緊張した発表、やっと終わりやれやれと思って降壇したのに、「楽しめましたか」とはどういうことなのだろうかと思い返事に困ってしまったのです。それは、小中学校の今までの生活の中では聞いたことのない言葉だったからです。小中学校では、研究を終え発表会をすませると、先生方が掛け合う言葉は決まって「ご苦労様でした」です。「楽しめましたか」などと言う先生には、今まで会ったことがありません。ですから筆者にとっては、とても衝撃的かつ新鮮な言葉だったのです。しかし、その言葉は、意外にも心地よい響きで筆者の心に入ってきました。発表はまったく自信がないものでしたが、終わってみれば充実感もあり、発表の緊張感は逆に楽しかったと思えるような気がしてきたのです。そして、この言葉は筆者の心に響き、これからの小中学校の研究会の後も「楽しめましたか」と言い合える世界を築いていったら、もっと気楽に研究ができるのではないかと思いました。そんな言葉に励まされた筆者は、さらに研究を進めていこうという気持ちになっていきました。この学会では、毎年口演発表の中から優秀口演賞を表彰しているのですが、思いがけずこの年は、筆者が賞をいただいたのです。もちろん増田先生のご指導があったからこそだと思っています。そんなことがあって筆者は、日本咀嚼学会の会員となりました。歯科の分野の学会なので、大学の歯学部の先生方、院生、歯科医師がほとんどで、養護教諭という職種は自分一人でしたが、

198　第Ⅳ部　学会発表・論文執筆に向けて

学会に入れてもらい、毎年小学校現場で調査研究したことを口演発表させてもらいました。

13. 調査研究結果を学会発表することの意味

　自分で研究したことをまとめて発表することはとても大変なことですが、研究したことが形となって残ること、指導や助言をいただき研究が広がっていくこと、人前で発表することで度胸がつくこと、他の人の発表を聞くことで新しい課題を探すヒントを得られることなどの利点があります。自分の研究課題を見つけ、実践を積み重ね学会発表をすることで、新しい世界がきっと開けてくると思い、前何きに取り組むことが大切だと思いました。

14.「学問に年齢は関係ない」学びたいと思った時が、旬である

　筆者は53歳の時に松本歯科大学大学院へ入学しました。養護教諭になってから30年が過ぎた時でした。2001年（平成13年）から子どもたちの給食における食べ方に問題を感じた筆者は、炒り大豆による咬合力の測定、咀嚼の意識を高めるための「かみかみセンサー」の開発と商品化、学校給食における咀嚼回数と時間の測定を行ってきました。これらの活動は、従来の歯磨き指導中心の歯科指導ではなく、食べる機能としての咀嚼の指導の必要性があると感じたからです。それは、むし歯の罹患率の減少に反して、咬合やかみ合わせの問題が平成13年頃から注目され始めてきたことに起因していました。しかし、咀嚼の指導は新しい分野であり、わからないことがたくさんありました。そこで筆者は、咀嚼の必要性や効用、メカニズム等について専門的な知識を身につけ、わかりやすく子どもたちに伝えたいと思い、松本歯科大学大学院へ入学し学ぼうと決意したのです。養護教諭をしながら大学院に通うことは、時間的にも肉体的にも記憶力や理解力の点でも大変でしたが、家族の理解と協力、勤務校の校長先生や先生方にも協力していただき、主に土・日曜日の通学で4年間通うことができました。筆者は、専門機関で学べることへの嬉しさや期待感

で溢れ、女学生になった気分で、20代30代の院生と一緒に、歯学博士をとることを目標に学びました。最年長院生であった筆者は、ある時、指導教官の足立準教授に「年齢が大きくて恥ずかしいです」と言ったことがありました。すると足立先生は、「安富先生、学問に年齢は関係ありませんよ」ときっぱりと言ってくださいました。先生は、筆者を励ます気持ちでそう言ってくれたかもしれませんが、筆者はその言葉に背中を押されて、その日以降「年だから」という言葉は使わないようにしようと思い、自信を持って前向きに学んでいくことにしました。「学ぼうと思った時が、その人の学びの旬であり、年は関係ない」という足立先生の言葉は、筆者に大きな影響力を及ぼし、その言葉はいつまでも印象深く心に残っています。言葉には、人の心を動かす威力があることを実感しました。

15. 大学院に通って書いた論文

　松本歯科大学大学院で学ぼうと思った筆者は、増田先生のご指導をいただきながら、赤穂南小学校で行った炒り大豆の調査結果と喬木第一・二小学校での「かみかみセンサー」による咀嚼回数の調査研究結果をまとめたものを論文にしました。「小学校での咀嚼訓練による咬合力と嗜好の変化 ─ 噛み応えのある食品を毎日食べることで ─ 」日本咀嚼学会誌19巻2号別冊　2009年11月と、「学校給食における食行動の定量評価 ─ 主食の違いによる影響について ─ 」日本咀嚼学会誌21巻Ⅰ号2010年12月22日です。こうして、失敗や苦労を重ね平成23年に松本歯科大学大学院を無事卒業し、歯学博士を取得することができました。そして、大学院で学んだ咀嚼の効用やメカニズムについて、喬木第二小学校の子どもたちや保護者、地域の方々に、正しい知識を伝えられるようになったのです。それが私の宝物になっています。

16. ま　と　め

　養護教諭は、子どもたちの健康課題を見つけ、健康課題解決のために自分は何をすればよいか、自分のできることは何なのかを常に考え続けることが大切だと思います。それが、思いがけない出会いや、思いがけない展開に繋がっていくことがあると思うからです。筆者が大学院に通おうと思ったきっかけも、偶然見た教育医時新聞の小さな記事からでした。そして、思いがけない人との偶然の出会いによって、新しい活動が次々に展開されました。その過程は決して簡単ではありませんでしたが、新しいことへの挑戦という目標が常に見えていることがよかったのだと思います。

　現在筆者は、縁あって2011年（平成23年）から長野県飯田市にある飯田女子短期大学で、養護教諭の養成に携わっています。今まで、養護教諭として小学校で継続して行ってきた歯科保健活動を、今度は大学というフィールドにおいて、かみかみゼミの学生と共に、保育園、幼稚園、小中学校、地域へと広げる活動を展開しています。そして、自信を持って歯科指導もできる養護教諭の養成に取り組んでいます。そして筆者はさらに高齢者の口腔衛生から嚥下の指導へと健康課題を広げていこうと思っています。

　口は、健康の入口であり、食べることは生きることですから、子どもの頃からの歯・口の健康づくりはとても大切です。これからも子どもから高齢者までの歯・口の健康づくりのお手伝いを、筆者の生涯学習（ライフワーク）として続けていこうと考えています。

やってみよう

・小さな疑問から、探求心を持って、「研究」を楽しんでみよう。

・研究の答えはすぐには出ないが、時間をかけて何度も試みよう。

・保健室を健康教育の発信地にしよう。

第12章　実践活動から学会発表と論文執筆　*201*

> **コラム12**　勉強ぎらいな私でしたが…

　　　　　　　　　　　　　　　　　　　愛知県立高等学校　すぎむらなおみ

　大学を卒業すると同時に、私立女子高等学校に養護教諭として就職しました。クラスメイトのなかには大学院に進学する人も。「まだ勉強！？」と当時の私は「異星人」に遭遇したかのような視線を彼らにおくっていました。しかし…学校で教員集団の一員となると、自分が思うような支援はほとんどできません。とくに性暴力の被害にあった生徒には、なにもできなかったことが苦痛でした。いろんな人に相談し、本を読み、悩んだあげく、はじめて自主的に「勉強するしかない」と思いたちました。

　30代で大学院に入ったものの、異世界に迷いこんだも同然です。「ゼミのレジュメが論文調！」「メール使えないとダメ？」「エクセルで計算？」「カイ二乗検定って？」…。歳若いゼミ生につきっきりで教えてもらいました。かわりにご飯をおごったり、恋愛相談にのったり。楽しかったです。

　研究テーマも迷走しがちでした。「性暴力」に着目していた私は、社会学やフェミニズムに傾倒していました。「セクシュアリティ」や「ジェンダー」を勉強しているうちに、雑誌に連載させていただく機会も得ました。しかし、先生たちは粘り強く「養護教諭だからこそ、できる研究を」と勧めてくださいます。「養護教諭であることは、教員と同一化したいけれど、教員と差異化したいせめぎあい」だと感じてきました。その気持ちをどうしたら、学問の遡上にのせられるのでしょう。植民地政策などに使用される「同化」という言葉が手がかりになるのではと考え、それに関する書物を読み漁るようになりました。

　その間に、子どもの一人がアスペルガーと診断されました。私の関心はいっきに発達障害へとシフトします。当時、定時制高校に勤務していた私は、生徒たちの発達障害傾向も気になっていました。養護教諭仲間と勉強会をはじめました。後にそれは『発達障害チェックシートできました─がっこうのまいにちを　ゆらす・ずらす・つくる』と題して、生活書院から出版していただけました。しかし、大学院の先生たちには「なにをしている。博士論文を先に！」とずいぶん叱られました。

　「だったら、ケアも押さえないと」と勉強するうち、看護の言説研究にであいます。「これを養護教諭に転用できないか」と書庫にこもる日が続きました。古い雑誌に何度も登場する養護教諭の先輩たちが、いつしか身近な知人になっていました。

　そんな日々を経て生まれたのが、私の博士論文です。『養護教諭の社会学─学校文化、ジェンダー、同化』（名古屋大学出版会）は、おかげさまで「日本の教育社会学を新たなステージに押し上げるほどの意欲作」（日本教育社会学会編『教育

社会学のフロンティアⅠ―学問としての展開と課題』岩波書店）と評されています。養護教諭の立場からの発見は、現場の子どもたちに還元できるだけでなく、研究世界にも貢献することができるのだとうれしく思っています。
　みなさんもぜひ、養護教諭として研究をはじめてみませんか？

■ 養護教育学のための Book Review

『裸足で逃げる —— 沖縄の夜の街の少女たち』 上間陽子著　太田出版、2017

　沖縄生まれの教育学者たる筆者は、高校時代に地元を離れ、その後、東京で風俗業界などにかかわる生徒・学生に関する調査研究を経て、地元の琉球大学へ着任した。彼女は、未成年の暴力被害者に関する相談を請け負っている。虐待、少女買春、強姦、ネグレクトゆえの不登校など相談が入ると、これから出会う彼女たちの、今日から明日、そして、半年くらいまでの見通しを立て、行動する。暴力を受ける人は「自分を大切に思う気持ちを徹底的に破壊」されると述べる筆者は、困窮し孤立した家族のなかに育ってきた被害者の支援を続けている。

　出会って話を聞いてきた沖縄の少女たち。2012 年から出会った 10 〜 20 代のうち 6名を描いたのが本書である。17 歳でシングルマザーとなり、その子は他所へ出され、その後恋人に暴力を受け続けてきたキャバ嬢優歌（以下、本人とともにつけた仮名）。15 歳でキャバ嬢になりボーイとの間にできた子を育て、その夫からの暴力を友人に助けられた 21 歳の翼。暴力を続ける恋人との間の超低体重児を高校 2 年で出産し、子どもを抱えつつキャバ嬢で稼ぎ、ついに看護専門学校を卒業して看護師になった鈴乃。年上の恋人と夜遊びして中 2 で補導、脱走途中で集団レイプされた亜矢。15 歳で子どもを産み、キャバ嬢として出会った彫師との間にできた子と過ごす京香（その出産時にはパートナーが勾留され、筆者が病院に立ち会っていた）。子ども時代に親と離れ、思春期は友人か恋人と過ごし「援助交際」で生きのび、新しくできた恋人に過去を知られたくない春菜。いずれも、読後、読者はきっと忘れることのできないような重い経験を持つ子たちだ。

　沖縄では低年齢出産が多いとかシングルマザーが多いとか、他所事のように本書を読んで欲しくはない。本書では、産婦人科医師や行政職にある「女性」たちが、無意識に当事者たちへ軽々な言葉を発し苦しめている場面も描かれている。想像力の欠如は、暴力ですらある。沖縄の子たちの相対的貧困率は 3 割だが、教師たちが子どもたちと向き合う時間は多忙のなかわずかしかとれない。では誰が彼女たちを救うのか。そして研究は何の役に立つのか。もちろん、劇的な効果を発揮するわけではない。だが、筆者と出会ったことで、過去を冷静に見つめ、前向きな将来を考える子たちがいたのも事実である。冷静で誠実な第三者の存在に、救われる子もたしかにいる。

　聞いた話を文章化し、その原稿を確認してもらい、場面設定の匿名化など語り手と

共同作業をしてきた筆者は、本書が実証的な調査であることから、巻末に（特定を避けるために配慮しつつ）調査記録も示した。質問紙調査結果の数値の解釈ではなく、文字・物語自体の重要性を強調する質的調査。それに携わっているのに「本来の醍醐味」を見失っている研究者へ、本物の研究が示す魂の訴えが示されている良書である。

　かつて「夜回り先生」がマスメディアで注目を集めたことがある。だが、メディアが追うまでもなく、子どもたちのために自らをささげている真の教育者は全国各地に数多いるだろう。そして養護教諭の現職者や志望者には、自分以外にもそのような人々がいることを知り、その人々と今後、数多くつながって欲しい。本書のような良書を多く読み、知識を咀嚼し、児童生徒へ伝えてくれることを切に望むのである。

（川又俊則）

『柔らかな関係づくりのために　男子の性教育』　村瀬幸浩著　大修館書店、2014

　わが国は両性およびジェンダーに関する格差解消について大きく立ち遅れている。人間と人間の「柔らかな関係」について、「両者の対等性のもと、互いの性を尊重し、受け入れあえる関係」と位置づけ、その関係作りのためには学習が不可避である。この柔らかな関係づくりには男性の性意識と行動がどのようなものであり、それをどのように変えていけばよいのか、それを変えることが可能なのか、このことを問うことが今そしてこれから極めて重要になってきている。筆者は「男子の性教育」と題した本書によって、あらためて男子の性を見つめなおすとともに、女子も学び直し、ともに生きる人間として親しみを感じて欲しいと述べている。そして「性的に健康である」とはどのようなことなのかについての提言を行っている。

　本書は第1章から第9章までの構成である。

　第1章では高校生の「射精観」「月経観」に関する2つの調査におけるデータから、男子高校生の自分の性に対する肯定感の低さについて論じている。学校や家庭において男子の性について丁寧に学ぶ機会の少なさを問題視し、相手の性に対し優しく肯定的に対応するには、自らの性をよきものとする肯定的な理解が必要不可欠である。

　第2章では自らの性への肯定感を阻むものとして男子自身が自らの性に嫌悪感、忌避感、コンプレックスを抱きながら生きていることが明らかとなった。正しい知識を教育として伝えることが人生を生きていくために必要であると述べる。

　第3章から第5章までは、性別にかかわらず、自分自身を理解することがより楽しくて深いセクシュアル・コミュニケーションが成り立つ可能性が大きくなること、そのために必要なエチケット、マナーについて述べ、「男子の性」の講義を男子大学生と

養護教育学のための Book Review　*205*

女子大学生がどう聞いたか、その反応や声を紹介している。

　第6章では表出されない男性の男子の性被害について事例を挙げて説明している。親や教師、大人たちが性被害を無視、軽視しないためには、半暴力の気風と理不尽な出来事に抗議すること。そのためのネットワークを学校の中に作り出す教育が必要だと示唆した。

　第7章から第8章にかけては、柔らかな関係づくりのためには性的自己肯定感が必要であること、男子への性教育へのエッセンスについて具体的に述べている。いろいろな人間、人間の性の多様性の気づきが、自分の中の多様性や、より柔軟で豊かな自分自身の生き方への道を開いていくことにもなると提言する。

　そして第9章では、性教育のこれまでとこれから、そしてその後について、性的教養としての学習のポイントを紹介している。それらを踏まえたうえで、今後の性教育の方向性について言及している。

(小川真由子)

『養護教諭成立史の研究 ― 養護教諭とは何かを求めて』
近藤真庸著、大修館書店、2003

　1905年岐阜市が全国で初めて公費で雇い入れた専任看護婦「広瀬ます」は、養護教諭の歴史を語る上で必ず登場する人物である。本書はそれから、1941年養護訓導が職制化されるまでの「養護教諭」成立史が書かれている。「学校看護婦」は当時存在意義が広く認められることはなく、いくつかの自治体が独自に雇用する形にすぎなかった。トラホームの洗眼を主務とした学校看護婦自身の実践努力と、支援した学者、情勢担当者、学校医の理論活動が相俟って社会的に承認され、制度確立が遂げられていった。その過程から、養護教諭の存在の意味を意識すると書かれている。著者の研究論文「学校看護婦の成立に関する研究」を発端として、学校教育の歴史上で学校看護婦が現れた歴史的事実の意味を明らかにすることとして、その後25年間を経た出版物である。体裁は歴史として章立てた解説と共に、コラムでは「研究方法論ノート」として成立史の調査、特筆部分を著者独自の解説を行っている。

　養護教諭の歴史書は1974年杉浦守邦氏の『養護教員の歴史』（東山書房出版）が広く知られているが、著者は山口正をはじめとする学校・行政家・校医などの業績に着目し、成立史を歴史政策中心から、広く「日本の子どもの健康を守る教育」の視点で塗り替えたい意図で書かれているところが異なる。また杉浦の医師としての視点に比べ、教育者の目線で書かれた違いがあり、教育職員としての学校看護婦を意識し取り

上げている。

　明治期、日本の近代化に伴い看護婦養成教育は欧米から導入され、日本の看護婦職の夜明けであり看護婦と呼ばれる女性の少ない時代に、日本赤十字社が行った学校看護婦派遣事業の記録を収集し取り上げている。当時戦争を通じて、看護理念が治療から予防、救護から衛生、病床から公衆衛生へ転換する背景を踏まえ、教育現場でも学校看護婦は継続的な衛生監督を重視する「一校一名専任駐在制」を進めてきていた。1937年学校看護婦が一校一名専任駐在制「訓導」となった背景には、戦中の青少年体位向上と結核予防の国家的課題に取り組む意義があり、東京・大阪・長野などの「衛生日誌」研究から、学校現場の第一線で「児童の養護」のために活躍してきた学校看護婦の実践評価があった。著者は大阪市の一校一名専任駐在制学校衛生婦の紹介を詳細に取り上げ、財政難による雇用半減事件の保護者による撤回を取り上げて、教育に必要な職員であると解説している。またエピローグでは、養護教諭の職は仲間とともに、"共同の学習"の中で成長を遂げた"集団の歴史"の意味があり、今後も養護教諭自身に対し歴史を綴る（開拓する）期待があるとまとめている。

　職制確立後、養護教諭の職務や役割は専門職教員ではあるが、単数配置であるがゆえに、教員間の職に対する理解は様々であり、子どもの健康課題の対応が多様な今日、養護教諭の職務上の葛藤はその後も続いていると思われる。

　この本を読み終え、温故知新、地域の養護教諭史の続きに興味がわく。

（大野泰子）

『養護教諭の社会学 ― 学校文化・ジェンダー・同化 ―』
すぎむら なおみ著　名古屋大学出版会、2014

　学校現場の中で、養護教諭は「教師」という大きな括りの中でも「異職種」である。教室ではなく保健室が一般的な仕事場で、多くが毎日授業を行うわけではない。教師ではあるが、けがや病気の応急手当が一般的な職務だと認知されている。少数職種である養護教諭は、組織内での自身の役割に自問する場面が多い。

　本書は養護教諭という存在を、「学校文化」「ジェンダー」「同化」の３つの視点から検討している。養護教諭の前身である学校看護婦の時代から、学校現場に求められてきた役割とは何か。多くが女性である養護教諭が働く上で感じてきた性差とは何か。異職種として、教師集団の中で同化しようとする養護教諭の葛藤とは何か。共感し、自身の糧になる一冊である。

（浦野早都紀）

『心が元気になる学校　院内学級の子供たちが綴った命のメッセージ』
副島賢和著　プレジデント社、2016

　この本の舞台は病院の院内学級である。院内学級は、長期間入院する児童生徒（基本的には義務教育の小学校・中学校の期間）の学習支援のため、教育委員会が学校教育法に基づき小児病棟のある病院内に設け、近隣の小中学校から専任教員を派遣し、病院内で授業を行うものである。全国病弱虚弱教育研究連盟の調査によると、全国の院内学級は2015年度、小学校166カ所、中学校109カ所ある。近年では院内学級の高等学校版も存在する。

　本書は、入院をして院内学級に通っている子ども達が書いた詩や何気ない一言から言葉の真意を読み取り、その想いを伝えている。まえがきからあとがきまで11の章に分かれており、それぞれにテーマを設けて話が進められている。

　教師は、子どもがどんなことを想い（考え）、日々生活（学習）しているのかを知りたいと思う。しかし、それを知ることはとても難しい。通常、子どもの言葉というのはストレートに向かってくる。しかし、長期間入院している子どもやいじめにあっている子ども、孤独な子どもなどは感情に蓋をする。思っていることは必ずあるが、言葉として出さないし、出ない。感情を言葉にすること、これを副島氏は「感情の言語化」と言っている。この感情の言語化が進むと、子どもたち自身が何をどのように感じているかを客観的にわかるようになり、客観的にわかると冷静になることができ、冷静になれると次にするべきことがわかると書かれている。

　だから、教師は子どもに寄り添って感情の言語化をするための手伝いをする。「そっと、そばにいること」の章には、筆者には師匠がいたと書かれている。その師匠とは、小学校5年生の男の子。腹部に重い疾患を持つ少年。でも、とても明るく優しい正義感にあふれた少年。学校の友達がいじめられていると聞くとこんなところ（病院）にいられないと怒るような子だった。もちろん院内学級でも人気者。どうして人気があるか観察して気づいたことは、その男の子は元気のない子のそばにずっと寄り添っている。ただ寄り添っているだけ。しかし、それが相手に安心感を与えることになる。彼自身がずっと苦しんできたからそうすべきことを知っていたのだと筆者は考える。本当の優しさの意味を再確認できる話であった。

　本書にはたくさんの子どもたちの言葉が記されている。院内学級だからとも考えられるが、子ども達が学校でも家庭でも言葉に出せなくなる状況はたくさんあり、その状況に親や教師が気づき感情を言葉にする訓練をしていくことが必要になると考えた。

あえて一つだけ難点をあげるとすれば、この言葉たちに学問的（心理学的）な解説
があるとさらに充実したものになったのではないかと思う。ただ、本書は子ども達も
読者の対象にしているので、それは著者の別の書籍にて読みたいと思う。

本書は、教師、これから教師になる学生にお勧めの書である。

（石川拓次）

■ 養護研究のための用語集

　養護研究を進めていくうえで、知っておくべき用語をまとめてみました。本書を読み進めていくときや、実践研究を行い、基本的な用語の意味を確認するときなどに読んでみましょう。

一般化（いっぱんか）

　研究で得られた結果が、その研究の条件下でサンプルとなった事例だけにたまたまあてはまるのではなく、類似の条件下の多くのケースにもあてはまる結果であること。科学的な研究の要素として、その研究で得られた結果を一般化できることが重要となる。

エビデンス

　エビデンスは英単語「evidence」に由来する外来の日本語であり、「証拠」「根拠」という意味を持つ。証拠や根拠となるデータ、分析結果、またそれに基づく定義、論文のことを指し、実験や調査などの研究結果から得られた「裏付け」のこという。研究に関する結果や考察を発表する際、それに対して正確なエビデンス（根拠）があるのかが研究結果の信憑性に関連し、論文やそのデータが正しいかを知るための客観的な基準をいう。

χ^2 検定（カイじじょうけんてい）

　「ある・なし」や「起こる・起こらない」といった二元変数や名義変数の比率の比較に用いる検定方法。独立性の検定とも言う。クロス集計によって得られたデータを用いて、期待値（仮説値）と実際の観察値の差を比較する。期待値とは、もし関係がなかったら（仮説が棄却されなかったら）、きっとこうなるであろう回数のことである。

学位（がくい）

　ある学問領域において一定以上の学術能力があると認定された者に授与される資格。大学卒業で学士、大学院博士前期課程を修了し、学位論文が認められると修士、さらに博士後期課程を修了し、学位論文が認められると博士の学位が与えられる。また、大学院課程に進まなくても論文等の提出により、与えられる論文博士や学術、文化等の向上に対して功績があると認めた者に与えられる名誉博士というものもある。研究

者にとって博士の学位は足の裏の米粒と言われる。すなわち、取らないと気になる。取っても食えない。

仮説検証（かせつけんしょう）

　何かを具体的に検証するとき、手元にある限られた情報や知識をもとに「仮に○○だったら」として予想される結果を分析することによって正しい姿を導くこと。調査したい「はてな」について現時点での予想を考える。そして考えた予想を基に仮説を立てることによって研究を進めていく。研究に行き詰った時、立てた仮説を思い出すことによって研究目的を明確化することができる。研究も「初心忘れるべからず」なのである。

学会（がっかい）

　ある共通の学問領域を研究する者らが、自己の研究成果を公開発表し、その科学的妥当性をオープンな場で検討論議する場。世界中の研究者が参加する国際学会から日本全国規模の学会、そして、東海や関東など地方ごとの学会、そして都道府県ごとの学会など規模は様々である。基本的に学会に入会しないと研究発表をすることはできないので、研究者によっては一人でいくつもの学会に入会していることもある。また、学会と同じような組織に研究会があるが、学会よりも自由度は高く、一つのテーマについて時間をかけて議論することも可能である。

研究倫理（けんきゅうりんり）

　研究を行うにあたって守らなければいけないルールや規範のこと。特に人を対象に扱う研究については、1964 年にフィンランドのヘルシンキで採択された「人間を対象とする医学研究の倫理的原則（通称ヘルシンキ宣言、2013 年 WMA フォルタレザ総会（ブラジル）で修正）」により、詳細に規定されている。研究を実施する際には高等教育機関や研究機関に設置された研究倫理委員会等に研究倫理に関する申請書を提出し、承認を得る。また、研究計画を変更する場合にも倫理委員会へ承認を得る。そして、研究が終了した際には報告書の提出が必要となる。

再現性（さいげんせい）

　事象を成り立たせていると考えられる要素や要因を考えた時に、同じ要素や要因を整えると、再び同一の事象が起こること。例えば、リンゴは木からいつでも同じ速度で落下する。つまり、自然落下の状態においては、誰がいつ行っても同じ結果が得ら

れるということになる。再現性はある事象が科学的であるということの大きな条件の一つである

査読（さどく）

　学会誌等に論文を投稿すると、その研究分野の専門家が投稿された論文を読み、雑誌に掲載するかを審査する。審査は複数名で行われることが多く、その複数名の査読者で協議をし、「そのまま掲載」「修正をして再投稿」「掲載不可」の判断を行う。「修正をして再投稿」になった場合には、査読者から指摘された箇所について修正や加筆し再度投稿する。これを何度か繰り返し、学会誌への掲載が決まる。「掲載不可」となった場合にはまた新たな投稿先を探すことになる。論文を投稿する際には、その投稿論文にあった学会誌を探すことも非常に重要である。

質問紙調査（しつもんしちょうさ）

　意識や行動などの社会現象に関するデータを「直接」調べ、結果を収集する量的調査法の一つ。長所は同時に多くの人に行うことが可能で、短時間に多くのデータを収集することができる。そのため、大規模な統計分析が可能となり、個人間や集団間の比較がしやすくなる。また、回答は様々な場所で行えるため、回答者のコストが比較的少なく、協力が得られやすい。一方、短所は一般的にプライバシーに関わるような個人的情報が得られにくいこと、また、回答の偽りを見分けることが困難なことである。

抄録（しょうろく）

　学会の学術集会や研究会などで研究発表をする際に事前に提出をする実施した研究の概要を書いたもの。分量（文字数）としては、600字程度の短いものからA4用紙2枚程度を書くものまで様々であり、その学会や研究会によって異なる。抄録原稿の締め切り直前に慌てて提出すると発表の際、抄録で書いたことと発表内容が一部異なり、発表の冒頭に「一部抄録と異なるところがあります」などという枕詞がつくことがある。

信頼性（しんらいせい）

　心理測定やテストにおいて、測定誤差の影響の大きさを表す指標のこと。心理測定の結果は、測定した時期、状況、質問紙の構成などに少なからず影響を受ける。これらの影響が少なく、安定性や一貫性が高い測定ほど信頼性が高いといえる。幸福度を

測る質問紙の特定の質問に対し、いつどんなときでも幸せと答えるかどうかなどが信頼性を左右する。

妥当性（だとうせい）

その調査が目的にどれくらい適しているかということ。妥当性は、以下の3つに分けられ、これらが相互に関係しあうことで妥当性を保証することができる。①その調査が、調査の対象としているものを測ることができているか（内容的妥当性）②調査項目が、測りたいものを測ることができているか（構成概念妥当性）③調査によって得られた値が、基準と比較して、相関を持つかを指す指標（基準関連妥当性）。また、妥当性が備わった調査を実施することで、正しい評価を行うことができる。

中心命題（ちゅうしんめいだい）

その論文で筆者が最も言いたいこと。結論。論文の骨格を構成するもの。骨格たる中心命題がしっかりしていないと、論文自体が成り立たなくなる。論文は、一つの目的と一つの中心命題によって成り立つ。その目的と中心命題が首尾一貫していることが必要である。つまり、目的は、その論文での問題であり、中心命題は解答ということになる。

t検定（てぃーけんてい）

正規分布であると仮定した2つの群（グループ）において、身長や体重などの連続した数値（連続変数）の平均値が等しいという仮説を検定する統計手法。同じ被験者によるトレーニング前後の効果を測定する場合などの前後のデータを比較するときに使用する「対応のあるt検定」と別の被験者でサプリメント摂取の有り・無しなどまったく関連のないデータを比較するときに使用する「対応のないt検定」がある。対応のないt検定には、等分散であるかないかによって検定方法が異なる。不等分散と仮定したときには「Welchのt検定」を用いる。

テキストマイニング

自由記述のアンケートなど大量の文章データ（テキストデータ）を分析して情報を取り出すことの総称をいう。文章全体を簡単に把握することや特徴（キーワード）となる「ヒント」を抽出し、データの関連性や傾向を分析することができる。分析では、文章を定量的に扱うために、単語単位に分割し、同じ言葉として集計できるようにした手法（形態素解析）に加え、単語間の意味的なつながりをみる係り受け解析（構文

解析）が組み合わせて用いられる。

プライバシー

　他人に知られたくない、公開したくないこと。また、その権利を指す。個人情報とは名前、生年月日、性別、住所、電話番号、メールアドレス、学歴、地位等の情報など、その情報によって個人が特定されるものであるのに対し、プライバシーは各個人によって異なる。自らが知られたくないと思うことはプライバシーとなり、同じ個人情報であってもプライバシーとなる。統計調査において、個人情報を適切かつ安全に保護、管理することが重要な社会的責務である。

前向き研究（まえむきけんきゅう）

　研究においてデータを収集する時間軸が未来へ向かっている研究方法。コホート研究や無作為化比較対照試験は前向き研究の代表である。長所として、結果に影響する因子（交絡因子という）をあらかじめ把握することでその影響を少なくすることができるが、研究結果がでるまでにとても時間がかかるという短所もある。

ロールプレイ

　役割演技法といわれる教育訓練技法の一つ。複数の事例を検討し、事例検討のためのシナリオを作成する。そのシナリオに沿って参加者はそれぞれの役を演じ、疑似体験を通じて事例場面を表現する。さらに、ロールプレイ実施後に実施グループと評価グループがそれぞれ実施内容に対して、決められた基準項目に沿って評価、議論し、その事例ついて理解を深めていく。ロールプレイを行うことにより、相手の考えや感情の動きをつかむことのむずかしさ、相手の話を完全に聞き取ることのむずかしさ、そして、傾聴と共感の重要性等の教育効果が期待でき、繰り返し行うことにより参加者の態度を変容させることが可能となる。

有意差（ゆういさ）

　統計上、ある事柄が起こる確率が有意水準未満であること、つまり偶然であるとは考えにくいことをいう。物事を比較するとそれなりには差がある。その差が、たまたまできた差であるか、意味を持った差であるかを判定することが統計としては重要である。しかし、有意差が出たから良い研究というわけではなく、なぜその差が生まれたのかを考えることが調査研究の醍醐味である。

執筆協力

秋元　愛、石川　実咲、大木　琴未、加藤有里奈、木田川志乃、
神田夏陽子、竹内　夏海、田中　沙奈、水谷　緋里（五十音順）

お わ り に

　本書刊行の背景には、鈴鹿大学短期大学部専攻科課程（8期）で2年間調査・研究を学び、論文を執筆する「修了研究」という科目があります。編者の2人はその担当者として学生の瑞々しい発想や視点に刺激を受け、同時に論文を書き学会発表を成功させる困難さも、指導を通じ、改めて実感しました。自分たちの教育実践を同僚たちと「三重県養護教諭実践研究会」（2015年〜、於：鈴鹿大学）という小さな学びの場で再確認し、3年間の議論をまとめました。

　「本書を用いることで、現職養護教諭や学生が自ら調査研究・報告できる」ことが本書の第一目標です。もちろん、素材がなければ調査研究を報告するに至りません。しかし、1、2章で素材の探し方を、3、4章で参照すべき研究等の見つけ方を示しました。具体的方法や実践例は5〜9章で、さらにまとめ方や発表は10〜12章で示しました。各章で説明しきれなかった重要テーマはコラムとして、重鎮の方々に端的にご執筆いただき、幾つかの文献や重要単語は解説もつけました。各章に「めあて」「やってみよう」と独習用の工夫もしました。編者として自分たちなりに一冊に含められる限りを尽くしたつもりですが、本は読者の方々のものです。至らぬ点があれば厳しくご指摘ください。

　鈴鹿大学内に2017年度「こども教育学部」という新学部を開設し、新たな教育をスタートさせました。本書を契機に、学生のみならず、多くの現職養護教諭の方々、教育・健康の分野で調査研究したいと思う方々と、共同研究・調査を行い、児童生徒のために少しでも貢献したいと思っております。読者の方々が今後行う調査・研究・報告などに少しでも資することができれば、編者としては望外の喜びです。

　厳しい出版状況のなか、本書刊行をお引き受けいただいた大学教育出版の佐藤守様、編集制作を担当してくださった社彩香様にはたいへんお世話になりました。末筆ながら、改めて心より御礼申し上げます。

　2018年7月8日

執筆者を代表して　　川又俊則

索　引

ア行

IC レコーダー　127

アクティブラーニング　49

ASUKA モデル　78

アセスメント　20

アナフィラキシー　84

インタビュー調査　126, 136, 172

インシデント・プロセス法　73

栄養教育　107

M-GTA　132, 133

エビデンス　4

エピペン　77, 78, 84

Excel（エクセル）統計　97, 101, 103,
　114

カ行

介入研究　6

χ^2（カイニジョウ）検定　99, 114

学校給食　84, 191

学校保健委員会　24

学校内連係　163

学校外連携　165

学会発表　175, 167, 197, 198

学会誌投稿　167

仮説検証　90

観察研究　6

キーワード　60

機関リポジトリ　55, 57

記述統計　88

救急処置　19

虐待　19

グルーピング　129

クロス集計　115, 116

経営　121

KJ 法　74, 129

KHcoder　130

研究視点　30

健康観察　20

健康教育　22

健康情報リテラシー　47

健康診断　24

健康相談　160

健康相談活動　23

研修　169

検定　98, 103

結語　61

咬合力　188

口頭発表　182, 183

コホート研究　6

コンピュータ・コーディング　137, 138

コーディネーター　161, 163, 166

サ行

CiNii（サイニィ）　51, 52

サンプルサイズ　91

座長　186

自己実現理論　2

実践研究　10, 11, 156

質的データ　95

質的研究　124, 125, 137, 142

GT 法　130

質問紙調査　92, 111

修了研究　9

シミュレーション　71, 75, 79

抄読会　65

食物アレルギー　79, 84

情報教育　47

諸言　60

事例検討　68, 69, 71, 74, 80, 81

推測統計　90

数量化　137

スマートフォン　41

スクールカウンセラー　81

スクールソーシャルワーカー　81

性教育　8

政策文書　41

先行研究　69

性別違和　142

相談　162

組織活動　24

咀嚼　187, 191

咀嚼回数　192, 193

タ行

大学院　66, 199

単純集計　115

調査研究　114

チーム学校　17

データ　32, 96

データ入力　94

データ収集　128

t 検定　102

統計ソフト　97, 114

統計データ　33

トイレ　30

図書館　48, 141

ナ行

ナイチンゲール　7, 8

ノンパラメトリック　98

ハ行

博士　199, 201

歯磨き指導　13

パラメトリック　98

半構造化面接　127

非構造化面接　126

PDCA サイクル　24, 25

ヒヤリ・ハット　18, 69, 71, 73, 81, 82

評価　13

プリシードプロシードモデル　23

プロセスレコード　71

文献検索　51

ヘルスアセスメント　159

勉強　201

変数　91

保健管理　18

保健室経営　24

保健室の位置　108

保健組織活動　25

保護者支援　164, 165

ポスター発表　180, 181

マ行

マネジメント力　168

MAXQDA　148

ヤ行

養護実践活動　17

養護診断　159

予備調査　91

ラ行

ライフヒストリー　133, 134, 137

ライフワークバランス　66

ラーニングコモンズ　49, 50

ラベル　129

量的調査　90

量的データ　96

倫理的配慮　114, 126, 147

連携プロセス　160, 162, 165

論題名　59

ロールプレイ　79

ロールプレイング法　74, 75,

■執筆者紹介

大野泰子 （おおの　やすこ）　　はじめに、第Ⅰ部第2章
　　現職：鈴鹿大学　こども教育学部　准教授

小川真由子 （おがわ　まゆこ）　　第Ⅰ部第1章、第Ⅲ部第9章
　　現職：鈴鹿大学　こども教育学部　助教

山田浩平 （やまだ　こうへい）　　コラム1
　　現職：愛知教育大学　養護教育講座　准教授

後藤多知子 （ごとう　たちこ）　　コラム2
　　現職：愛知みずほ大学　人間科学部　准教授

杉原　亨 （すぎはら　とおる）　　第Ⅱ部第3章
　　現職：関東学院大学　高等教育研究・開発センター　准教授

森　慶惠 （もり　よしえ）　　コラム3
　　現職：名古屋市公立小学校　養護教諭

石川拓次 （いしかわ　たくじ）　　第Ⅱ部第4章、第Ⅲ部第7章、コラム8
　　現職：鈴鹿大学短期大学部　准教授

上田ゆかり （うえだ　ゆかり）　　コラム4
　　現職：広島文化学園大学　看護学部　准教授

永石喜代子 （ながいし　きよこ）　　第Ⅱ部第5章
　　現職：広島文化学園大学　看護学部　非常勤講師

梅本正和 （うめもと　まさかず）　　コラム5
　　現職：医療法人うめもとこどもクリニック　理事長

川又俊則 （かわまた　としのり）　　第Ⅲ部第6章、第Ⅲ部第8章、おわりに
　　現職：鈴鹿大学　こども教育学部　教授

梅原頼子 （うめはら　よりこ）　　コラム6
　　現職：鈴鹿大学短期大学部　教授

北口和美 （きたぐち　かずみ）　　コラム7
　　元職：大阪教育大学　教授

下村淳子 （しもむら　じゅんこ）　　コラム9
　　現職：愛知学院大学　心身科学部　健康科学科　准教授

強力さとみ （ごうりき　さとみ）　　第Ⅳ部第10章
　　現職：鈴鹿大学短期大学部専攻科　健康生活学専攻　非常勤講師

木村晃子 （きむら　あきこ）　　コラム10
　　三重県公立小学校　養護教諭

引田郁美 （ひきた　いくみ）　　第Ⅳ部第11章
　　現職：三重県県立高等学校　養護助教諭

浦野早都紀 （うらの　さつき）　　第Ⅳ部第11章
　　現職：三重県公立小学校　養護教諭

福田博美 （ふくだ　ひろみ）　　コラム11
　　現職：愛知教育大学　養護教育講座　教授

安富和子 （やすとみ　かずこ）　　第Ⅳ部第12章
　　現職：飯田女子短期大学　家政学科家政専攻　教授

すぎむらなおみ　　コラム12
　　現職：愛知県立高等学校　養護教諭

■編著者紹介

大野　泰子　（おおの　やすこ）

　　最終学歴：愛知教育大学大学院教育学研究科
　　現　　職：鈴鹿大学こども教育学部　教授
　　研究分野：学校保健、養護学、保健室経営
　　著　　書：『教養教育の新たな学び』『生活コミュニケーショ
　　　　　　　ン学を学ぶ』

川又　俊則　（かわまた　としのり）

　　最終学歴：成城大学大学院文学研究科後期
　　現　　職：鈴鹿大学こども教育学部　教授
　　研究分野：社会学（宗教、地域、教育）ジェンダー研究など
　　著　　書：『世の中が見えてくる統計学』『数字にだまされな
　　　　　　　い生活統計』『男性養護教諭がいる学校』他多数

健康を科学する実践研究
―読めばできる養護教諭の研究ガイド―

2018 年 10 月 5 日　初版第 1 刷発行

■編 著 者──大野泰子・川又俊則
■発 行 者──佐藤　守
■発 行 所──株式会社 大学教育出版
　　　　　　　〒 700-0953　岡山市南区西市 855-4
　　　　　　　電話（086）244-1268　FAX（086）246-0294
■印刷製本──サンコー印刷㈱

© Toshinori Kawamata, Yasuko Ono 2018, Printed in Japan
検印省略　　落丁・乱丁本はお取り替えいたします。
本書のコピー・スキャン・デジタル化等の無断複製は著作権法上での例外を除
き禁じられています。本書を代行業者等の第三者に依頼してスキャンやデジタ
ル化することは、たとえ個人や家庭内での利用でも著作権法違反です。

ISBN978 - 4 - 86429 - 540 - 6